Enviar

Enviar

Manual de estilo del correo electrónico

DAVID SHIPLEY
y
WILL SCHWALBE

**Edición española a cargo
de Alberto Gómez Font**

Traducción de Naomi Ruiz de la Prada

TAURUS

PENSAMIENTO

taurus

ENVIAR. MANUAL DE ESTILO DEL CORREO ELECTRÓNICO

© 2007, David Shipley y Will Schwalbe
© De esta edición:
    2008, Santillana S. A.
    Av. Primavera 2160, Santiago de Surco
    Lima 33, Perú
    Tel. 313 4000

© De la traducción: Naomi Ruiz de la Prada

Diseño de cubierta: Peter Mendelsund

ISBN: 978-603-4006-03-4
Hecho el depósito legal en la Biblioteca Nacional del Perú No. 2008-12381
Registro de Proyecto Editorial No. 31501400800757
Primera edición: octubre 2008
Tiraje: 2000 ejemplares

Impreso en el Perú - Printed in Peru
Metrocolor S.A.
Av. Los Gorriones 350, Lima 9 - Perú

Todos los derechos reservados.
Esta publicación no puede ser reproducida, ni en todo ni en parte,
ni registrada en o transmitida por un sistema de recuperación de información,
en ninguna forma ni por ningún medio, sea mecánico, fotoquímico, electrónico,
magnético, electroóptico, por fotocopia o cualquier otro,
sin el permiso previo por escrito de la Editorial.

R0431002479

W S:

Para David Cheng

y Mary Anne y Douglas Schwalbe

A la memoria de David Baer y Robert H. Chapman

D S:

Para Rosa y Joseph

y Joan y John

ÍNDICE

¿Por qué se nos dan tan mal los mensajes de correo electrónico?

En un mensaje de correo electrónico pueden pasar cosas muy malas.

Tomemos, por ejemplo, a Michael Brown, director de la Federal Emergency Management Agency (FEMA, Agencia Federal para la Gestión de Emergencias), quien compartió, durante los peores días del huracán *Katrina,* los siguientes pensamientos por correo electrónico:

De: Michael Brown
Para: personal de la FEMA
29 de agosto del 2005

¿Estáis orgullosos de mí? ¿Puedo dejarlo ya? ¿Puedo irme a casa?

De: Michael Brown
Para: personal de la FEMA
29 de agosto del 2005

Si vierais mi precioso atuendo de la FEMA vomitaríais. Soy un dios de la moda.

De: Michael Brown
Para: personal de la FEMA
30 de agosto del 2005

No voy a contestar a esa pregunta, pero tengo otra para vosotros. ¿Conocéis a alguien que se dedique a cuidar perros?

O bien tomemos nuestro propio ejemplo.

En una ocasión intentamos decidir si debíamos presentarle un borrador de este libro a nuestro editor, al que llamaremos Marty. (Después de todo, así es como se llama.) ¿Qué problema había? Éramos un par de profesionales capacitados (al menos eso nos gusta creer: Will es editor jefe en una editorial, y David, responsable de la página editorial de opinión de *The New York Times*) que intentaban planificar una sencilla agenda de trabajo. No había contencioso alguno, ni emociones de por medio. En realidad no era nada del otro mundo.

Así es como empezó todo:

Marty nos envió un mensaje —la línea de *Asunto* decía: «¿Una para el libro?»— referente a otro que nos había escrito y se arrepentía de haber enviado.

¿Por qué nos mandaba Marty esta nota?

David interpretó el mensaje al pie de la letra, asumiendo que Marty solo quería transmitirnos una anécdota para que la incluyéramos en el libro. Will, por su parte, sospechaba que era una forma sutil de solicitar un informe del estado del trabajo.

De tener razón David, la respuesta correcta habría sido, sencillamente, agradecerle a Marty su contribución y dejarlo estar. En el caso de que Will estuviera en lo cierto, la respuesta adecuada habría sido enviarle a Marty por correo electrónico un memorando detallado que adelantara una fecha de entrega para nuestro manuscrito.

David le contestó de inmediato, siguiendo su instinto. (Y envió copia a Will.)

Asunto: ¿Una para el libro?
Para: Marty
De: Shipley
Cc: Schwalbe

Querido Marty:
Gracias por la anécdota. Encaja a la perfección.
Saludos,
David

Will comenzó a redactar un informe sobre el estado del libro, pero antes incluso de que lo hubiera acabado Marty envió otro mensaje. En este escribió lo útil que le resultaría tener una parte del manuscrito para mostrárselo a sus colegas durante una próxima reunión.

Está bien, esta vez ambos estábamos de acuerdo en que su nota era una petición bastante inequívoca de que le enviáramos parte del libro. El problema era que no estábamos del todo preparados. Así que nos tocaba determinar si dicha entrega era, para Marty, «útil» o «esencial». David pensaba lo primero; Will lo segundo. No importaba quién tuviera razón, la pelota estaba ahora en nuestro campo. Así que ¿qué hicimos? Nos entró el pánico y empezamos a comportarnos como un par de lunáticos.

En primer lugar, hicimos lo peor de todo: nada. Pasaron varios días. Quizá aquel mensaje desaparecería sin más. A continuación, escribimos una respuesta enrevesada, respuesta que reflejaba nuestra ansiedad por conseguir el máximo tiempo posible para terminar nuestro manuscrito, pero que pretendía al mismo tiempo tranquilizar a nuestro editor.

Aquí está:

Asunto: ¿Una para el libro?
Para: Marty
De: Shipley, Schwalbe

Querido Marty:
Muchas gracias por tu mensaje. El trabajo va bien, pero no está del todo acabado. Nos gustaría mucho entregarte algo para tu próxima reunión, pero no estamos seguros de poder hacerlo a tiempo. Nos preguntábamos cuánto necesitarías y cuál es el plazo máximo en que podemos hacértelo llegar. ¿Hay alguna parte del manuscrito que te interese tener en particular? Hemos terminado el primer borrador, pero algunas partes están más pulidas que otras. Si te parece hablamos la semana que viene para contarte en qué punto estamos y discutir qué pasos seguir.
Saludos,
Will y David

Y esta fue la respuesta de Marty:

Asunto: ¿Una para el libro?
Para: Shipley, Schwalbe
De: Marty

La semana que viene me voy de vacaciones. Hablamos cuando regrese.

¡Ay! Estaba claro que Marty empezaba a estar harto de nosotros.

¿O no era como para decir «¡Ay!»? ¿Estaba realmente harto?

¿Estaba Marty alzando las manos al cielo y diciendo: «Lo que sea, me largo de vacaciones», o estaba diciendo simplemente: «Este es un tema complicado. No puedo discutirlo ahora porque me voy de vacaciones. Hablaré con vosotros cuando vuelva»?

Para cuando hubimos aclarado nuestra agenda de trabajo habían pasado tres semanas, habíamos intercambiado un montón de mensajes y una pregunta que se podía haber contestado en un minuto nos había tomado horas. Nos enfrentábamos a una de las características más encubiertas del correo electrónico: su capacidad de simular un movimiento hacia adelante. Como dijo Bob Geldof, el músico de rock con vocación humanitaria, el correo electrónico es peligroso porque da sensación de acción incluso cuando no está pasando nada.

Así pues, ¿qué pasa con el correo electrónico? ¿Por qué enviamos tantos mensajes electrónicos que nunca deberíamos haber escrito? ¿Por qué se descontrolan tan rápido las cosas? ¿Por qué no recuerda la gente que un correo electrónico deja un rastro indeleble? ¿Por qué se nos olvida redactar nuestros mensajes con cuidado, de manera que los demás sepan lo que queremos sin tener que andar adivinándolo? Hemos escrito este libro con el fin de dilucidar por qué los mensajes suelen acabar torciéndose y de paso aprender, nosotros también, a manejar el correo electrónico no solo de forma adecuada, sino realmente bien. Nuestro Santo Grial: un mensaje de correo electrónico tan eficaz que reduzca el uso del correo electrónico.

No odiamos el correo electrónico; nos encanta. Reconocemos que el correo electrónico ha cambiado nuestras vidas de innumerables formas positivas. Solo queremos mejorarlo. De hecho, pensamos que es sorprendente que la gente se maneje tan bien con el correo electrónico. Al fin y al cabo, todo está en nuestra contra.

Para empezar, el correo electrónico no lleva demasiado tiempo entre nosotros. Si buscas el término «e-mail» en los archivos de *The New York Times* de mediados de los años ochenta, tienes tantas probabilidades de toparte con Thomas E. Mails (autor de *The Pueblo Children of the Earth Mother* [Los indios pueblo, hijos de la madre tierra]) como con referencias a la comunicación electrónica. Y esto no es solo porque el correo electrónico no se usara demasiado por aquel entonces, sino porque estaba recién inventado: antes de 1971 el símbolo @ lo usaban sobre todo los contables y los comerciantes. Internet no existió de forma oficial hasta 1983. La compañía America On-line (AOL) que todos conocemos no existía antes de 1989.

Hoy en día la situación es muy distinta. Cada semana se envían billones de mensajes por correo electrónico. Los oficinistas estadounidenses pasan al menos un 25 % del día comunicándose por correo electrónico e innumerables horas manejando su agenda electrónica o PDA (del inglés *Personal Digital Assistant*). En el 2009 se prevé que la administración Bush entregue más de 100 millones de mensajes electrónicos a los Archivos Nacionales estadounidenses. (La administración Clinton, en cambio, tan solo dejó 32 millones de mensajes tras de sí en el 2001.) Todos los datos indican que el uso del correo electrónico sigue en alza.

Más adelante expondremos una historia más detallada del correo electrónico. Lo que queremos señalar aquí es que, en aproximadamente una década, esta nueva tecnología ha llegado a dominar nuestro mundo. Al igual que las generaciones anteriores se esforzaron por integrar en sus vidas primero el telégrafo, y después el teléfono, nos esforzamos hoy por integrar el correo electrónico en las nuestras. Lo utilizamos, lo utilizamos demasiado y lo utilizamos de forma errónea. El correo electrónico está aquejado de la maldición de la novedad.

Aun así, las dificultades que experimentamos con los correos electrónicos no pueden atribuirse solo a su juventud. Son producto del particular carácter del correo electrónico o de su falta de carácter.

Si a un correo electrónico no se le incorpora un tono determinado de manera consciente, no se transmitirá automáticamente un tono universalmente reconocible. Por el contrario, el mensaje escrito sin un tono intencionado se convierte en una pantalla en blanco en la que el lector proyecta sus propios miedos, sus prejuicios y sus ansiedades.

«¿Llegarás tarde a la reunión?» es una pregunta sencilla. Pero si se enuncia sin más puede suscitar una amplia variedad de reacciones: un empleado que esté en periodo de prueba puede tomársela como una dura advertencia; un empleado modelo puede interpretarla como un insulto y pensar: «Siempre soy puntual, ¿por qué piensa que voy a llegar tarde ahora?». O bien podría causar confusión: «¿Por qué iba a llegar tarde a la reunión? ¿Acaso pasa algo antes que yo debiera saber?».

El correo electrónico exige, pues, que tengamos claro quiénes somos en relación con la persona a la que estamos escribiendo y que demos con el tono apropiado desde el principio; pero esto no es tan sencillo como suena. Como nos recordaba Whitman, contenemos en nuestro interior a una multitud. Somos a un tiempo jefes y empleados, madres, hijas y hermanas, quienes reprenden y quienes consuelan, quienes animan y quienes desalientan, y mezclamos y cambiamos los papeles constantemente, incluso cuando hablamos con una misma persona.

Así es, toda comunicación escrita tiene esta dificultad añadida con respecto a las interacciones en persona, o incluso por teléfono: no puedes revisar tu mensaje en función de las reacciones que recibes de la otra parte a medida que avanza el intercambio. Pero el correo electrónico es la forma de comunicación escrita más complicada de todas.

Las cartas, al menos, contienen claves que nos ayudan a adivinar su significado. Un papel de carta personalizado no transmite lo mismo que el de una compañía, y proporciona pistas sobre su contenido. Como apunta la lingüista Naomi Baron, cuando escribimos una carta sabemos que seremos juzgados en función de siglos de expectativas. Recordamos que las cartas son permanentes y por lo tanto tendemos a cuidar la ortografía y la gramática.

Ni siquiera otras formas de comunicación electrónica nos juegan tantas malas pasadas como el correo electrónico. La mensajería instantánea y los mensajes de texto están más cerca de reproducir el intercambio en tiempo real característico de una conversación cara a cara, y casi siempre (en el caso de la mensajería instantánea, siempre) se llevan a cabo entre gente que tiene algún tipo de asociación o afinidad. Ambos tienen un tono por defecto relativamente consistente: el de una charla informal.

El correo electrónico no ofrece este tipo de salida, porque lo utilizamos tanto para la comunicación informal (para hacer planes con amigos, intercambiar preguntas entre colegas) como para la comunicación formal (para solicitar un puesto de trabajo, captar a un cliente potencial). Las fronteras se difuminan, con consecuencias a veces peligrosas.

Asimismo, los mensajes de correo electrónico se escriben rápido, demasiado rápido. Nos vemos obligados a acertar con las docenas, e incluso centenares, de mensajes que enviamos cada día, a menudo bajo una intensa presión, a destinatarios cuyas necesidades, actitudes y estados de ánimo cambian constantemente.

Para complicar aún más las cosas, la velocidad del correo electrónico no solo hace que sea más fácil que perdamos los nervios, sino que en realidad nos azuza. En un mensaje de correo electrónico la gente no es del todo natural: es más irritable, menos comprensiva, menos receptiva, más susceptible e incluso más cotilla y falsa. El correo electrónico tiene cierta tendencia a sacar lo peor de nosotros.

Hay una explicación para esto. En una conversación cara a cara (o voz a voz) la parte emocional de nuestro cerebro monitoriza constantemente las reacciones de nuestro interlocutor. Podemos discernir lo que le gusta de lo que no. El correo electrónico, en cambio, no constituye un canal de devolución de estas reacciones en tiempo real. Pero, por algún motivo, la tecnología nos da a entender que este canal existe. Según Daniel Goleman, autor de *Inteligencia social*, comunicarse por correo electrónico pone a las personas, en términos neurológicos, en un estado de desinhibición. (Dicho en nuestros términos no científicos, las deja totalmente despistadas.) Cuando intercambiamos mensajes, los circuitos inhibidores de nuestro cerebro —que nos ayudan a monitorizar las respuestas de nuestra audiencia y a adaptarnos a ellas— están desconectados.

El gran problema, claro está, es que no siempre somos conscientes de ello. Y para cuando nos damos cuenta casi siempre es demasiado tarde y ya le hemos dado a *Enviar*.

Al igual que Michael Brown, todos hemos dicho cosas increíblemente estúpidas en nuestros correos electrónicos.

Y al igual que..., en fin, nosotros, todos habéis usado el correo electrónico para titubear.

También hemos hecho un mal uso del correo electrónico por apresurarnos demasiado en enviar los mensajes, por olvidar quiénes éramos en relación con la persona a la que escribíamos, o por darle al botón equivocado; o quizá no le hayamos incorporado suficiente personalidad o hayamos dejado ver en exceso nuestro lado más íntimo y emocional. (Si recibes o estás entre los destinatarios de un terrible y desconsiderado correo electrónico de Will Schwalbe o de David Shipley —y sabemos que, por desgracia, nuestros nombres están vinculados a un gran número de ellos—, por favor acepta nuestras disculpas.)

Con el correo electrónico se espera de nosotros, incluso de la gente cuyos trabajos no solían requerir aptitudes para la escritura, que escribamos mucho más de lo que lo hacíamos. Como resultado de esto, nos quejamos de la cantidad de mensajes que recibimos, pero aún más abrumadora es la calidad de los que intercambiamos, aunque esta es, también, lo que más se pasa por alto.

Es cierto, existe un abismo entre aquellos que alcanzaron la mayoría de edad antes de la era del correo electrónico y los que la alcanzaron después de que apareciera —entre quienes saben manejar la tecnología pero, a menudo, no saben escribir con corrección, y quienes saben escribir pero no dominan la tecnología a su alcance—. Sin embargo, ningún grupo de edad tiene el monopolio de los mensajes de correo electrónico buenos o malos.

Así que ¿qué podemos hacer para mejorar nuestros mensajes? En las páginas siguientes os mostraremos cómo (con un poco de sentido común y un puñado de sencillas reglas) podemos evitar desastres y sacarle partido a esta poderosa herramienta de comunicación con el fin de obtener lo que queremos, tanto en el trabajo como en nuestras vidas privadas.

Para: El lector
De: Shipley y Schwalbe
Asunto: Capítulo uno — ¿Cuándo deberíamos emplear el correo electrónico?

Comencemos.

Los ocho pecados capitales
del correo electrónico

1. El correo electrónico tremendamente impreciso. («Acuérdate de hacer eso que hablamos».)

2. El correo electrónico tan ofensivo que te hace levantar de tu mesa como movido por un resorte. («¡¡¡¡¿CÓMO HAS PODIDO NO OCUPARTE DE ELLO?!!!!».)

3. El correo electrónico que te lleva a la cárcel. («Por favor, diles que te pedí que vendieras eso cuando alcanzara los 70 dólares».)

4. El correo electrónico cobarde. («Así están las cosas: estás despedido».)

5. El correo electrónico que nunca desaparece. (Re: Re: Re: Re: Re: Re: Re: tal cosa.)

6. El correo electrónico tan sarcástico que te hace sentir realmente incómodo. («Estuviste muy, pero que muy suelto con aquel asunto».)

7. El correo electrónico demasiado informal. («¡Eh tú! ¿Alguna noticia de lo de las admisiones?».)

8. El correo electrónico que resulta inapropiado. («¿Quieres venir a mi habitación de hotel a discutir esa cuestión?».)

CAPÍTULO 1

¿Cuándo deberíamos emplear el correo electrónico?

¿Llevarías un violín en una mochila húmeda? ¿Envolverías el regalo de cumpleaños de tu novia en el envoltorio del queso? ¿Enviarías por correo postal la cristalería de tu abuela envuelta en una bolsa de papel?

Cómo se envíe algo puede tener un profundo impacto sobre *aquello* que se envía. El método empleado para hacerlo llegar es portador de un mensaje propio.

He aquí el texto literal de un mensaje electrónico enviado al teléfono móvil de Katy Tanner, de 21 años de edad, cuando trabajaba para una tienda de ropa muy de moda de Gales:

> Hemos revisado sus cifras de ventas y no están a la altura de lo que necesitamos. Como resultado de esto, no seguiremos necesitando sus servicios. Gracias por el tiempo pasado con nosotros.

Parece que estamos ante una nueva tendencia. Hace poco, la cadena de tiendas de productos electrónicos Radio Shack hizo algo similar al comunicarles por correo electrónico a unos 400 empleados que estaban despedidos.

La notificación de reducción de personal está en marcha. Por desgracia, su puesto de trabajo se encuentra entre los que se han eliminado.

Qué agradable. Es necesario que recordemos que el mero hecho de tener correo electrónico no significa que tengamos que usarlo para todo. Debido a la velocidad y la urgencia aparente de las nuevas formas de comunicación a nuestro alcance, mucha gente se contenta con tirar de lo que tiene más a mano. O bien se deja embaucar por el intercambio del tipo «ojo por ojo»: si recibe un correo electrónico, contesta por correo electrónico; si recibe una carta, se siente obligada a contestar por carta. Podemos hacerlo mejor. Tan solo es cuestión de tomarse el tiempo de considerar las virtudes y debilidades de cada forma de comunicación antes de adoptar una de ellas.

Dicho esto, decidir cuál es el medio más adecuado para enviar un mensaje u otro no siempre resulta evidente. Hoy día existen más formas de comunicarse de las que ha habido jamás. ¿Cuándo deberíamos emplear el correo electrónico y cuándo es más eficaz un mensaje de texto? ¿Y qué hay de enviar una carta o coger el teléfono? (¿Recuerdas cómo se hace?) ¿Y hacer una visita?

¿O simplemente —y esta parece ser una de las opciones más eficaces y menos empleadas de todas— no hacer nada de nada?

Juego de parejas

Toma un elemento de cada columna. ¿Cuál casa con cuál? Intenta mezclarlos y combinarlos:

Correo electrónico	Jefe	Informal	Petición
Mensaje de texto	Amigo	Urgente	Solicitud
Correo postal	Colega	Rutinario	Agradecimiento
Teléfono	Asistente	Inesperado	Crítica
Fax	Mentor	Emocional	Disculpa

No está tan claro, ¿verdad? ¿Le envías a un amigo un mensaje de texto para un agradecimiento rutinario o le telefoneas? ¿Le mandas una crítica inesperada a un colega por fax? ¿O quizá un mensaje de correo electrónico serviría en estos casos?

Para tomar la mejor decisión necesitas entender bien las tecnologías que están a tu disposición. Comencemos con las virtudes y debilidades de una de aquellas que muchos de nosotros más utilizamos pero menos entendemos.

El correo electrónico

Siete razones de peso para que te encante el correo electrónico

1. El correo electrónico es el mejor medio jamás creado para intercambiar información esencial: ¿A qué hora es la película? ¿Dónde está el restaurante? ¿Quién viene a la reunión?

Antes del correo electrónico cualquiera de estas preguntas habría implicado al menos una llamada, a menudo a alguien en ese momento ausente, lo que hubiese requerido dejar un mensaje (posiblemente garabateado por una tercera persona en una espantosa hojita de papel rosa). La llamada de contestación posiblemente habría sufrido un destino parecido.

Y digamos que tu llamada no estuviera entre el 70 % de aquellas que, según Bill Gates, terminan en un contestador automático y que consiguieras ponerte en contacto con facilidad. La etiqueta requiere que entres en un intercambio mucho más largo del que exige tu pregunta. Como poco, estás obligado a entablar unos minutos de conversación no necesariamente productiva, tengas o no tiempo para ello.

Al correo electrónico se le ha acusado de causar la muerte de la carta. Creemos que es injusto. El correo electrónico es responsable de la muerte de la llamada telefónica inútil. (Y, por cierto, el teléfono fue el que mató a la carta.)

Cuando Will trabajaba como editor jefe de una editorial a principios de los noventa, solía recibir entre 50 y 60 llamadas diarias y ni un solo correo electrónico. A pesar de que hoy sigue en el mismo puesto, aunque en una editorial distinta, ya solo recibe entre 10 y 15 llamadas al día. Un gran número de cuestiones que antes requerían una llamada pueden resolverse de forma mucho más eficaz por correo electrónico.

Pero como dice el Gato Garabato: «¡Eso no es todo!».

2. A través del correo electrónico puedes acceder a casi todo el mundo y no solo a gente de negocios. Duncan Watts, sociólogo de la Universidad de Columbia, actualizó recientemente el famoso estudio de los «seis grados de separación» en el contexto del correo electrónico y demostró que una persona determinada puede estar conectada a otra por una cadena compuesta por un máximo de seis conocidos. Watts les pidió a los participantes del estudio que enviaran un mensaje de correo electrónico a un completo desconocido: a «un profesor de alguna de las ocho universidades de élite de la costa este de los Estados Unidos, un inspector de archivos en Estonia, un consultor tecnológico en la India, un policía de Australia y un veterinario del ejército noruego». El truco estaba en que únicamente podían reenviarle el mensaje a alguien que sí conocieran. Los mensajes alcanzaron su objetivo tras pasar por una media de tan solo cuatro conexiones.

Otra clara ventaja: puedes hacerle llegar tu mensaje a una lista de media docena o de un millar de personas con la misma facilidad y al mismo coste que si se lo enviaras a una sola persona. Y la mayoría de las direcciones de correo electrónico se encuentran o se rastrean con facilidad.

3. El correo electrónico no conoce franjas horarias y es una forma eficaz y económica de comunicarte con gente de cualquier parte del mundo. Además, puedes escribir un mensaje de correo electrónico a cualquier hora del día o de la noche y enviarlo nada más terminar, o, si eres moderadamente listo, programarlo para que se envíe horas, o incluso días, más tarde.

4. *El correo electrónico deja un registro que se puede rastrear.* Por muy eficaz que sea la llamada telefónica que hagas, no deja rastro. ¿Seguro que estás dispuesto a confiar en las «notas» de tu interlocutor?

5. *El correo electrónico te permite elaborar tu mensaje —o tu respuesta— a tu manera y a tu propio ritmo.* Al contrario que una conversación, el correo electrónico te deja el tiempo necesario para pensar lo que quieres decir.

6. *Tienes la opción de preservar y mostrar alguna parte, e incluso la totalidad, de una cadena de correos electrónicos preexistentes.* Esto te permite referirte a lo que se mencionó anteriormente, poner al día a terceras personas o, sin que nadie se dé cuenta, borrar las partes irrelevantes o inapropiadas de la correspondencia.

7. *El correo electrónico te permite adjuntar e incluir información adicional que el destinatario puede abrir cuando quiera si así lo desea.* Esto implica tener acceso inmediato a mapas, documentos, fotografías, gráficos, hojas de cálculo, vínculos y muchas otras cosas.

Una breve historia del correo electrónico para quien le interese

A principios de los años sesenta el Pentágono decidió que era necesario sacarle mayor partido a la potencia de sus computadoras y conseguir mayor rapidez. (A fin de responder a cosas como, pues ya se sabe, el lanzamiento de misiles soviéticos.) Así que le pidió a su rama de investigación —el Defense Department's Advanced Research Projects Agency (DARPA, Agencia para Proyectos de Investigación Avanzada del De-

partamento de Defensa)— que construyera la primera red
informática del mundo. El proyecto, denominado ARPANET,
conectó la Universidad de Stanford con la UCLA (Universidad de California, Los Ángeles) el 29 de octubre de 1969. El
primer mensaje que se envió a través de esta red fue «LO»,
aunque de no haberse colapsado el ordenador habría sido
«LOGIN».

El primer mensaje de correo electrónico del mundo —un
mensaje corto entre dos ordenadores de ARPANET— fue enviado un par de años más tarde, en 1971. Para entonces, cada
usuario de ARPANET ya tenía en su ordenador una rudimen-
taria «bandeja de entrada». Ray Tomlinson, informático en
Cambridge, Massachusetts, ideó un sencillo sistema de direcciones para mensajes enviados entre usuarios: consistía en la
cuenta del usuario y el nombre del ordenador separados por el
símbolo @. Según recuerda Tomlinson, el primer mensaje que
envió era un galimatías: los ordenadores estaban en la misma
habitación y Tomlinson era tanto el remitente como el destinatario, por lo que no se molestó en escribir una declaración
sentimental ni de gran trascendencia histórica.

En un principio, la red física de ARPANET consistía en
unas pocas conexiones de largo alcance entre las costas este y
oeste de Estados Unidos. Pero creció, y en 1983 la red fue divi-
dida en dos ramas: una militar y otra civil. (La rama militar fue
rebautizada MILNET; a los civiles nos dejaron ARPANET.)

Para cuando consiguió su libertad, ARPANET ya no era la
única red civil existente en el mundo. Numerosos grupos de
investigación y organizaciones del ámbito civil habían comen-
zado a crear sus propias redes informáticas. Estas redes no tar-
daron en fusionarse con ARPANET para constituir la primera
versión de Internet.

Para que dicha integración pudiera llevarse a cabo, sin embargo, los ordenadores de estas distintas redes tenían que po-

der comunicarse entre sí. Necesitaban un protocolo sencillo y eficaz para enviar datos. De ahí la incorporación del TCP/IP, que pese a haber sido creado en 1974 no fue adoptado por ARPANET y las demás redes hasta el 1 de enero de 1983. Hoy día, un cuarto de siglo más tarde, el TCP/IP sigue siendo el protocolo estándar utilizado por Internet. El IP (o Protocolo de Internet) gestiona las direcciones, mientras que el TCP (Protocolo de Control de Transmisión) regula la forma en que los mensajes se dividen y se envían.

Una vez establecidas las reglas, y a medida que entraron en el mercado las compañías de telecomunicación, comenzaron a salir de debajo de las piedras servicios muy competitivos. En 1983 la empresa MCI introdujo el Correo MCI, a cuyos suscriptores les cobraba 45 céntimos por cada mensaje de 500 caracteres enviado. (Esto venía con un servicio añadido: MCI llamaba a los usuarios para comunicarles que habían recibido un correo electrónico.) CompuServe se apuntó al juego, como también lo hizo America Online, que optó por situarse —de forma inteligente y muy lucrativa— como un servicio para novatos o gente que no se sentía demasiado cómoda con los ordenadores. Lotus, Microsoft y otras compañías lanzaron productos que simplificaban el uso del correo electrónico en las empresas. De repente, el correo electrónico ya no resultaba tan intimidante. El resto es historia.

Ocho razones por las que puedes preferir no usar el correo electrónico

Las virtudes del correo electrónico son también sus debilidades. Vamos a explorar estas últimas con detenimiento, no porque seamos unos tipos negativos, sino porque uno nunca puede estar seguro de que el correo electrónico sea el modo apropiado de enviar un mensaje hasta que haya tomado en consideración todas sus limitaciones y sus peligros.

1. La comodidad que proporciona el correo electrónico fomenta intercambios innecesarios. Dado que es tan sencillo establecer breves intercambios por correo electrónico, la gente lo utiliza demasiado a menudo. Se hacen preguntas que, en realidad, no requieren respuesta (o para las que se podría haber conseguido de otra manera). También se envía información que no necesita ser enviada y largas conversaciones mucho después de su fecha de caducidad.

Esto no significa que estemos en contra de *todos* los intercambios innecesarios. Un encuentro casual, ya sea en persona o por correo electrónico, puede consolidar un vínculo social y a veces incluso proporcionarnos información que más adelante puede resultar útil.

Regla: Si no te quieres parar ni diez minutos a charlar con un colega en su despacho, entonces lo más probable es que tampoco quieras intercambiar correos electrónicos frívolos treinta veces al día.

2. El correo electrónico ha sustituido en gran medida a la llamada telefónica, pero no todas las llamadas telefónicas deberían ser sustituidas. Debido a que el correo electrónico supone una distancia tanto física como temporal, puede resultar una herramienta algo incómoda a la hora de llegar a un acuerdo, encontrar puntos en común o resolver una situación.

Regla: Expresar una emoción, manejar una situación difícil, tantear el terreno, son retos a los que nos enfrentamos mejor con la voz.

3. Tienes acceso a todo el mundo, pero todo el mundo tiene acceso a ti. El universo del correo electrónico parece estar libre de jerarquías. Mucha gente que solía ser inalcanzable está ahora, en teoría, al alcance de todos. Muchos directivos leen ahora sus mensajes de correo electrónico sin filtrar, mientras que es improbable que una carta inapropiada o de origen desconocido consiga sortear a una secretaria. Todos recibimos a diario mensajes de gente a la que ni siquiera conocemos —gente a la que nunca le hemos dado nuestra dirección personal de correo electrónico—, sencillamente porque estos individuos han intuido el camino hacia nuestra bandeja de entrada privada mediante una combinación no-tan-difícil-de-adivinar de nuestras iniciales, nuestro apellido y el nombre de nuestra empresa... o bien porque la han buscado en Internet sin más.

El hecho de que ya no existan distinciones resulta atractivo por su carácter igualitario, pero también puede ser fuente de auténtica confusión, pues fomenta una falta de formalidad que a menudo es engañosa. Si fueras un empleado nuevo en el departamento de mantenimiento técnico, por ejemplo, ni se te pasaría por la cabeza entrar en el despacho del director general a presentarle una queja sin importancia. Si fueras un estudiante no se te ocurriría llamar a tu profesor en mitad de la noche para hacerle preguntas con respecto a un trabajo que no entendiste porque estabas con resaca en clase. Y si fueras a hacer una presentación en un lugar extraño te informarías antes de hacerla acerca de las costumbres locales y de las reglas que se deben seguir, en lugar de irrumpir sin más en la sala de conferencia de, pongamos, Dubai o Seúl.

El correo electrónico es tan íntimo y tan sencillo que propicia actuaciones poco prudentes: una vez que tienes la dirección de alguien puedes ponerte en contacto con esa persona en cualquier momento del día o de la noche, desde tu despacho o tu dormitorio. Este acceso antaño inimaginable nubla nuestra capacidad para discernir quiénes somos en relación con la persona a la que escribimos. Por eso la gente lanza de forma descomedida mensajes inapropiados, lo que puede llegar a dañar su relación con el destinatario o arruinar sus carreras.

Algunas de las conversaciones más reveladoras que hemos tenido han sido con profesores y responsables de admisión de universidades, quienes han visto cómo, con el correo electrónico, se desvanecía la antigua línea divisoria de respeto que solía separarles de estudiantes y postulantes.

David Haig, jefe del departamento de biología de la Universidad de Harvard, recibe con regularidad correos electrónicos de estudiantes con los que nunca ha tratado con encabezados como «Eh, profesor Haig» o «¡Hola! ¿Qué hay?». Y Bill Fitzsimmons, jefe de admisiones de la universidad, nos comenta que ahora recibe de muchos aspirantes largos mensajes de correo electrónico, escritos en una jerigonza ininteligible y a veces con gran descuido. Aunque nos dejó bien claro que mensajes de este tipo no le hacen rechazar de primeras a un estudiante, sí reconoció que a veces le hacen cuestionarse el criterio de quienes los escriben, especialmente si hay otras cosas que le planteen dudas. «Desde que entró en escena el correo electrónico», nos comentó, «algunas personas tienen la idea equivocada de que han cambiado las reglas con respecto a la familiaridad, de que, por el mero hecho de ser un medio nuevo, todo vale».

Los estudiantes que envían estos correos electrónicos parecen no darse cuenta, lamentablemente, de que la persona a la que le están escribiendo (y a la que están molestando) es la misma que podría ofrecerles una plaza en la universidad o puntuarles a final de curso.

Un problema de la misma índole consiste en distinguir la familiaridad *genuina* del *exceso* de confianza. La línea de *Asunto* o el nombre del remitente pueden indicarte a veces qué mensajes quieres leer de inmediato, cuáles pueden esperar y cuáles te van a exasperar. Pero no son infalibles. E incluso los programas con ventanas de *Vista preliminar,* que te muestran los mensajes antes de abrirlos, solo te ahorran un clic. Aun así tienes que leer su contenido.

Para los afortunados que tienen un secretario, el correo electrónico presenta otro problema. Existen tantos mensajes confidenciales que muchas empresas prohíben a sus ejecutivos que permitan el acceso a sus cuentas de correo a terceras personas. La gente ocupada se ve enfrentada a la opción de revisar cada día una bandeja de entrada a rebosar o de romper las reglas y confiarle su privacidad a otra persona —o incluso autorizarla para enviar mensajes en su nombre—. Tras la cumbre del 2006 del Foro Económico Mundial en Davos, un participante informó de que uno de los temas más debatidos por los líderes mundiales fue el siguiente: ¿Debería permitirse que el personal de apoyo gestione la bandeja de entrada de sus superiores?

Una encuesta realizada en la red en el 2002 por la International Association of Administrative Professionals (Asociación Internacional de Profesionales Administrativos) y el ePolicy Institute (Instituto de Política Digital) concluyó que el 43 % de los secretarios escriben y envían mensajes en nombre de sus jefes; y que el 29 % tiene permiso para borrar mensajes incluso antes de que sus jefes los vean.

Así funciona Bill Gates: tiene un programa informático que restringe la entrada de correos electrónicos a aquellos que provienen de personas con las que haya mantenido correspondencia anteriormente, reduciendo a un centenar los miles de mensajes que llegan cada día a su bandeja de entrada. El resto es reenviado a sus ayudantes, quienes se encargan de revisarlos y resumirlos.

Regla: Cuando se trata de mensajes de salida, no te tomes demasiadas confianzas desde el principio. Y cuando se trata de mensajes de entrada, prueba a usar filtros. Pero recuerda que los filtros que existen en la actualidad suelen ser imprecisos o excesivamente restrictivos. Hasta que aparezcan filtros más intuitivos deberías pensártelo dos veces antes de facilitar tu dirección de correo electrónico.

4. El hecho de que el correo electrónico desafíe las franjas horarias significa que también puede desafiar las convenciones sociales. Puede llegar cuando estés intentando terminar un proyecto, cuando peor te venga otra tarea. Como señaló Clive Thompson en *The New York Times Magazine,* casi nunca sabes si merece la pena abrir un mensaje hasta que lo abres. Abrirlo requiere tiempo y atención; la interrupción puede minar la productividad. Cuando un trabajador es interrumpido por un mensaje suele tardar en torno a media hora en retomar su tarea original. Si es que alguna vez lo hace. Según los investigadores citados por Thompson, el 40 % de los encuestados pasaron a realizar tareas completamente nuevas después de ser interrumpidos y dejaron atrás su antigua tarea, olvidada y sin acabar.

Regla: No olvides que cada correo electrónico es una interrupción. Si el asunto no es urgente, una carta puede ser menos molesta.

5. El hecho de que el correo electrónico proporcione un registro susceptible de ser rastreado significa que te pueden imputar responsabilidades por tu correspondencia electrónica. No solo todo lo que envías, sino también todo lo que recibes, puede rebotarte un día en la cara. (Hablaremos más de esto en el capítulo 6, cuando discutamos las implicaciones legales del correo electrónico.) Hay dos tipos de criaturas de oficina que se aprovechan de esto. Para la persona que disfruta diciendo «Te lo dije», el correo electrónico es el invento más satisfactorio de la historia: puede echarte en cara tus propias palabras. Es asimismo una excelente manera de pasar la patata caliente, y a la gente que tiene el instinto básico de cubrirse las espaldas le proporciona infinitas posibilidades de dejar al aire las de los demás. ¿Quién no ha recibido alguna vez mensajes que encierran, entre la cháchara y los detalles irrelevantes, una información que es una bomba de relojería? (Por ejemplo, «Puede que la entrega no llegue a tiempo» o «Parece que estemos por encima del presupuesto» o también «Solo quería decirte que han llamado del banco».) Ahora, cuando la bomba estalle, la culpa será tuya. Después de todo, hay pruebas de que se te informó y tuviste tiempo de sobra para reaccionar. Existe un registro de correos electrónicos que así lo demuestra.

Regla: Si trabajas con ratas, observa sus mensajes de correo electrónico con ojos de halcón.

6. La facilidad con que se puede reenviar un mensaje de correo electrónico representa un peligro. Ten en cuenta que tu mensaje puede ser reenviado a gente a la que no iba dirigido. Sí, claro, esto también se puede hacer por correo postal. Alguien podría fotocopiar una carta que te deja en mal lugar y enviársela a los conocidos que tengáis en común, pero en caso de hacerlo, él o ella quedaría casi tan mal como tú; el esfuerzo implícito hace más patente la malicia que hay detrás de la acción, mientras que la facilidad con que se reenvía un correo electrónico, de alguna manera, la camufla.

Regla: Nunca reenvíes algo sin permiso y da por hecho que cualquier cosa que escribas será reenviada.

7. Con el correo electrónico, tus palabras pueden ser modificadas. Los mensajes reenviados pueden ser editados o alterados de forma invisible, y sin que tú te enteres en caso de haber sido excluido de la cadena de reenvíos. (Jack Abramoff, desacreditado miembro de un grupo de presión, se regodeaba al escribir que había reenviado mensajes de correo electrónico tras haber «jugueteado» con ellos con el fin de «asustar» a clientes y conseguir que hicieran lo que él quería.) Incluso si tu mensaje es reenviado intacto, su contexto y su significado pueden verse transformados si el mensaje al que estabas contestando ha sido alterado u omitido.

> Regla: Si necesitas enviar un documento delicado por correo electrónico en el que es esencial que tus palabras no sean tergiversadas, envíalo en formato .pdf (véase página 93) o en algún otro tipo de documento adjunto difícil de alterar.

8. *Los documentos adjuntos a un mensaje de correo electrónico no solo vienen cargados de equipaje, sino que son equipaje en sí.* Esconden virus. Y ocupan un espacio valioso en tu servidor y en tu ordenador. Si alguien te envía un mensaje de 100 .jpegs (véase página 93), puede llenar todo el espacio que tengas asignado en un servidor corporativo e impedir que envíes o recibas nuevos mensajes mientras no lo hayas borrado, algo que a lo mejor no puedes hacer si estás fuera de la oficina o manejando tu PDA.

Una advertencia con respecto a los documentos adjuntos de Word: pueden incluir *Control de cambios* (un programa que muestra las ediciones anteriores). Si no quieres que la gente vea el historial de las transformaciones del documento, asegúrate de que los cambios son aceptados y purgados. De lo contrario, puedes acabar encontrándote en una situación embarazosa. Así es como se descubrió, por medio del *Control de cambios,* que un líder «independiente» del mundo de los negocios que estaba a punto de prestar declaración en el Congreso había permitido que un alto cargo de la administración Bush editara su declaración. El hombre desenmascarado le dijo al periódico *Los Angeles Times:* «El verdadero escándalo aquí es que llevo 15 años usando Microsoft Word y aún no sé cómo quitar el *Control de cambios*».

(Para estar seguro de quitar este maldito chisme haz clic en el botón *Control de cambios* de la barra de herramientas de *Revisión,* o bien presiona Ctrl+mayúscula+E y desactiva la casilla *Control de cambios.* A continuación, envíate a ti mismo el documento por correo electrónico y verifica si puedes encontrar antiguas ediciones. Si no, adelante, envíalo. Y cruza los dedos.)

Regla: Antes de enviar un correo electrónico cargado de archivos adjuntos, recuerda: haz las maletas con cuidado y viaja ligero de equipaje.

Una breve reseña sobre la PDA

Ha quedado claro que el correo electrónico no aparece en tu mesa de trabajo sin más. Asimismo nos estamos dando cuenta de que la BlackBerry y sus parientes pueden ser mucho más exigentes y adictivas que el correo electrónico de nuestro ordenador de sobremesa. Pueden convertir a los empleados en siervos, localizables 24 horas al día, 7 días a la semana. Y la tentación de verificar si has recibido correo (o el requisito de que así lo hagas) implica que nunca estás libre de las exigencias del trabajo.

El hecho de escribir con el pulgar lleva a la gente a redactar peor y ser más abrupta, por lo que no es esta la mejor opción para enviar un mensaje, aunque si eliges mantener la etiqueta de «enviado desde una PDA» puede que los demás te perdonen tus pecados. Y las limitaciones del correo electrónico —el hecho de que no es adecuado para escribir mensajes complejos o emocionales— son todavía más flagrantes cuando redactas o lees un mensaje en la diminuta pantalla de una PDA.

Disculpas literarias para el estilo en PDA

Enviado sin cables a través de una PDA, así que disculpa el laconismo y las erratas.

Francisco Muñoz, novelista

Escribiendo con los pulgares en una PDA.

Beltrán Llauaradó, novelista

La gente tiende a perdonar las erratas de la PDA, y con razón. Un estudio publicado en el 2006 en *Psychological Science* analizaba el descenso de velocidad de lectura asociado a los distintos tipos de faltas de ortografía. Cuando las letras están transpuestas en medio de palabras de más de cinco letras, solo se produce un descenso del 11 % en la velocidad de lectura. Cuando la transposición ocurre al principio o al final de las palabras, esta caída es del 36 y del 26 % respectivamente. Lo cual significa que los errores tipográficos en mitad de una palabra —del tipo que se suelen encontrar en los mensajes de PDA— no son más que un mal menor.

Por ejemplo, prueba a leer el falso mensaje siguiente, que disfruta en la actualidad de una intensa vida activa en Internet:

De aceudro con un etsduio de la Uinervsidad de Cmabrigde, no imoptra en qué odern etsén ecsirtas las lerats de una paablra, lo úcnio que ipmrota es que la prirema y la útlmia etsén en el luagr crroecto. El retso peude ser un colmpeto deosdren y aun así pudee lerese sin pobremla. Etso es así prouqe la metne huamna no lee cdaa lreta por sí msmia, snio que lee la palbraa cmoo un tdoo.

La tecnología de PDA aún no está a punto para enviar algunos tipos de archivos adjuntos ni documentos demasiado voluminosos. Así pues, cuando se manda un archivo adjunto a alguien que crees que está utilizando una PDA, conviene respetar una regla de cortesía que consiste en proporcionar un resumen de lo que incluye dicho archivo adjunto, así como la urgencia con que tiene que revisarlo el destinatario. Una buena línea de *Asunto,* cuyas primeras palabras describan el mensaje, puede ser de gran ayuda.

Hay tres tipos principales de PDA: aquellas que, sin importar dónde estés, «empujan» automáticamente los mensajes de correo electrónico recién recibidos hacia la pantalla (esta es la tecnología Research in Motion que utiliza la BlackBerry); aquellas que tienen la tarea programada de recibir los mensajes nuevos, pongamos, cada diez minutos; y por último las que te obligan a ir a buscar tus mensajes. Las dos primeras son más rápidas y eficaces; la tercera, que requiere un pequeño esfuerzo, es mejor para los adictos en fase de recuperación que intentan dejar el hábito de verificar su bandeja de entrada cada diez segundos.

Se ha escrito mucho sobre la etiqueta que rige el uso de la PDA: sobre aquellas personas que comprueban su PDA durante la cena, en vacaciones, en un concierto, en una reunión o cuando están en el parque con los niños. Solo podemos añadir una cosa: verificar tu PDA no dista mucho de otros comportamientos que demuestran que no estás prestando toda tu atención a la gente con la que estás. Nuestra sugerencia: pregunta a la gente con la que estés si le molesta que uses tu PDA (¿adicción u obsesión?). Ante la duda, deja de usarla.

¿Cómo funciona el correo electrónico?

Internet es una red de nodos que conectan los ordenadores (compuesta principalmente de servidores, enrutadores y conmutadores). La red transporta datos, que incluyen la World Wide Web, la mensajería instantánea y el correo electrónico. Estos datos viajan entre los nodos de distintas maneras: vía cables de fibra óptica, señales inalámbricas, hilo de cobre o conexiones por satélite y radio.

Cuando le das a *Enviar* en tu programa de correo electrónico, tu mensaje queda dividido en paquetes. Éstos son etiquetados de forma individual con la dirección del destinatario y la parte del mensaje que contiene el paquete (por ejemplo, «bytes 1 a 500»).

La dirección —o nombre de dominio— está estructurada según una jerarquía, como una dirección postal. Si lees la dirección de principio a fin, encontrarás la división más general de Internet, el dominio de máximo nivel: *.com, .edu, .uk, .gov,* etcétera. El dominio principal es precedido por el nombre de la organización y el nombre del *router* que da servicio a un departamento o a una división en particular. Los nombres de dominio corresponden a direcciones numéricas, como por ejemplo 123.28.102.35. Cada número de dicha dirección puede tener un valor del 0 al 255. Los *routers* se comunican utilizando la dirección numérica.

El Simple Mail Transfer Protocol (protocolo simple de transmisión de correo), o SMTP, es el protocolo que rige la comunicación de direcciones entre servidores. Si el mensaje que se envía solo contiene texto, el SMTP también gestiona su transmisión.

Multipurpose Internet Mail Extensions (extensiones multifunción de correo de Internet), o MIME, es una forma más avanzada de correo electrónico diseñada para lidiar con mensajes que el SMTP no puede transmitir, como aquellos que no contienen caracteres estándar, símbolos y números. MIME gestiona, además, los archivos adjuntos. Casi todos los programas de correo electrónico y de correo web utilizan ambos formatos para enviar mensajes a través de Internet.

Para la mayoría de nosotros, los sistemas de correo electrónico vienen en tres sabores: el correo local, el correo alojado en un servidor externo y el correo web. Un servidor de correo local, también denominado servidor de correo LAN (Local Area Network, red de área local), consiste en un servidor localizado in situ que gestiona solo los correos electrónicos de tu empresa. El correo de servidor externo funciona de la misma manera, excepto que el alojamiento del servidor lo facilita un proveedor como AOL. Para el usuario del correo electrónico, ambos sistemas parecen prácticamente idénticos. El correo web puede ser una combinación de servidores locales y externos, y es el sistema utilizado por Hotmail (que pronto será rebautizado Live Mail) y Yahoo.

El POP (Post Office Protocol, protocolo de oficina de correos) y el IMAP (Internet Message Access Protocol, protocolo de acceso a mensajes de Internet) son las dos maneras principales de organizar los servidores de correo electrónico, ya sean locales o externos. Los usuarios a veces pueden elegir qué protocolo quieren que utilice su cliente de correo electrónico. Los servidores POP pueden configurarse de tal forma que una vez hayas «recogido» tus mensajes del servidor (tras hacer clic en *Enviar y recibir todo* en tu programa) pueden ser almacenados solo en tu ordenador, o bien en tu ordenador y en el servidor.

El IMAP es un protocolo más reciente que almacena todos los mensajes en el servidor. Lo usan principalmente las grandes organizaciones. Los mensajes de servidores IMAP llegan un poco más rápido que los de servidores POP, y hay maneras de descargarlos en tu ordenador, pero para sacarle el máximo partido al IMAP el usuario ha de estar siempre conectado al servidor. La mayoría de la gente todavía utiliza el POP.

Las alternativas al correo electrónico

El mero hecho de tener correo electrónico no significa que debamos utilizarlo para todo. Existen otras formas de comunicación a las que podemos recurrir. A continuación veremos cuándo conviene emplearlas y por qué.

La carta

En un estudio llevado a cabo en el 2006, en el que se interrogaba a 1.400 trabajadores de oficina sobre sus hábitos de correspondencia, aunque tres cuartos de los encuestados dijeron que no podrían vivir sin correo electrónico, un tercio afirmó que seguía enviando cartas y faxes. Esto no es por mera nostalgia epistolar. La realidad es que la carta posee unas virtudes prácticas que no se encuentran en el correo electrónico.

Las cartas no son una interrupción. Podemos entrar en los casilleros del correo de la empresa en cualquier momento, sacar las cartas que están apretujadas en el buzón y abrirlas cuando nos venga en gana.

Con tan solo mirar el sobre, la dirección del remitente, su letra y el sello, a menudo podemos hacernos una idea de la prisa con que necesitamos abrir la carta. Asimismo, sabemos que alguien se ha tomado la molestia de escribirnos. El valor de una carta —ya sea una nota de agradecimiento, una disculpa o una condolencia— supera con facilidad al más efusivo o abyecto de los correos electrónicos. Una nota manuscrita la hace más personal; una carta escrita a máquina en papel de empresa le da un carácter más oficial. Cada una de ellas lleva una carga implícita que el correo electrónico no posee.

Nos gustan las cartas, más que nada porque podemos cambiar de opinión con respecto a si queremos o no enviarlas. Cara al mundo, la carta no existe hasta el momento en que entra en el buzón de correos. (Una advertencia: en España, una vez que la carta está dentro del buzón, cualquier intento de retirarla constituye un delito.)

La carta ha sobrevivido a prácticamente todos los asaltos de otras tecnologías. Por mucho que Abraham Lincoln estuviera tan entusiasmado con el telégrafo que se pasaba horas en la oficina de telégrafos de la Casa Blanca leyendo despachos provenientes del frente, sabía bien cuándo era imperativo hacer uso de una carta. Como escribe Tom Wheeler en *Mr. Lincoln's T-Mails: The Untold Story of How Abraham Lincoln Used the Telegraph to Win the Civil War* [Los telegramas del Sr. Lincoln: la historia nunca contada de cómo

Abraham Lincoln utilizó el telégrafo para ganar la guerra civil], Lincoln...

... podría haber despachado, deprisa y corriendo, un telegrama de felicitaciones al general Grant [tras la captura de Vicksburg]. En su lugar, cogió una pluma y escribió una elegante y humilde carta que concluía: «Ahora quisiera reconocer, a título personal, que usted tenía razón y que yo estaba equivocado». El mensaje cobraba aún más fuerza por el hecho de viajar directamente desde la pluma de Lincoln a la mano de su general, en lugar de ser transcrito por un empleado de telégrafos.

Seis razones para enviar una carta en lugar de un correo electrónico

1. Cuando quieras que un documento pueda ser archivado (en un armario), conservado en un registro (el papel puede durar siglos; nadie sabe todavía cuánto pueden durar los archivos electrónicos) o enmarcado.

2. Cuando quieras crear algo que el destinatario pueda saborear, como una carta de recomendación o una carta de amor.

3. Cuando no quieras interrumpir a alguien.

4. Cuando quieras presentar y tratar temas complejos.

5. Cuando quieras ponerte serio en un asunto de negocios: una carta certificada, una citación, un memorando que estipule la política de la compañía.

6. Cuando tu material sea tan confidencial que no puedas correr el más mínimo riesgo de que, con un simple clic en la función de *Reenvío,* este encuentre la forma de llegar hasta otra persona que no sea su destinatario.

El fax

Mucha gente predijo, de forma equivocada, que el correo electrónico mataría al fax. El correo electrónico era el asteroide; el fax, el dinosaurio. Incluso los pioneros Hewlett-Packard abandonaron el mercado del fax pensando que no tenía futuro, para volver unos años más tarde cuando la tecnología demostró ser capaz de adaptarse.

En el momento en que escribimos esto, la venta de aparatos de fax se sigue manteniendo. Esto no significa que se envíen faxes de manera indiscriminada, como cuando el fax estaba en su punto más alto. Significa que la gente y las empresas han entendido exactamente para qué debe utilizarse un fax.

Tres razones para enviar un fax en lugar de un correo electrónico

1. El fax puede venir con lo que se considera una copia cierta de una firma real y por lo tanto puede ser vinculante, desde un punto de vista legal, en numerosas circunstancias. Esto significa que puedes hacer cosas que no son tan fáciles de hacer con un sencillo mensaje de correo electrónico, como por ejemplo firmar un contrato o intercambiar firmas para cerrar un trato. La ley fluctúa continuamente con respecto a la validez de los mensajes de correo electrónico a la hora de aceptar los términos de un acuerdo, en particular si todas las partes no conciertan desde un principio que un mensaje bastará para tal.

2. Puedes enviar de forma rápida documentos importantes de pasta dura: un contrato, un esquema, el dibujo de un niño, etcétera. Si quieres enviar algo así por correo electrónico tienes que escanearlo en tu ordenador y tardas más en hacer esto que en enviarlo por fax.

3. Porque es más seguro. Una vez cargado en el correo electrónico, un documento puede enviarse a cualquier parte y a todas partes. Es menos probable que esto pase si estás enviando una única copia a un solo destinatario por fax, aunque conviene recordar que las máquinas de fax a menudo son públicas. Ambos compartimos fax con otras personas y somos culpables habituales de echarles un vistazo (incluso de leer) a los faxes que están en la bandeja y no van dirigidos a nosotros. Asimismo, no es inusual que alguien recoja tu fax junto con otros por descuido y el tuyo acabe traspapelándose durante un tiempo indefinido o incluso perdiéndose. Por este motivo, conviene avisar al destinatario de que un fax está en camino, a fin de que pueda retirar de la máquina lo antes posible el documento que está esperando.

Y recuerda, algunos programas informáticos y servicios comerciales permiten transmitir un correo electrónico de manera que el destinatario lo reciba en forma de fax, o bien recibir en un mensaje un documento enviado originalmente por fax.

El teléfono

No nos consideramos viejos y sin embargo recordamos los tiempos en que el teléfono era algo importante. Crecimos con la marcación rotatoria y el clic de las unidades de tiempo. Perder minutos hablando del tiempo que hacía o de lo que ibas a ponerte para ir al colegio era una invitación a ser reprendido. Además, no podías llamar siempre que quisieras. Will recuerda tener que esperar durante horas, en Londres, en los años setenta, a que una operadora le comunicase que ya tenía una línea disponible para una conferencia transatlántica. En los ochenta, David se reservaba las noches del domingo para hacer la llamada semanal a sus padres, que vivían en la otra punta del país.

Hoy día damos por sentado que una comunicación telefónica se realiza con facilidad y se escucha con claridad; sin embargo aún es posible disfrutar —y recuperar un poco aquella sensación de los viejos tiempos— de una charla por teléfono con alguien. Hay algo íntimo en una llamada telefónica. Al contrario que el correo electrónico, una llamada está viva. Interactúas en tiempo real. Es la diferencia entre una representación teatral y una película. (Aunque es cierto que la calidad de las llamadas desde teléfonos móviles todavía puede resultar exasperante, la cosa ha mejorado mucho y la recepción es cada día mejor.)

Prueba este experimento. Llama a un amigo y dile: «Estoy enfadado contigo», en un tono que deja entender que no lo estás; el tono que usarías si la frase siguiente fuera algo así como: «No me has contado lo de tu ascenso». A continuación, pregúntale a tu amigo si de verdad creía que estabas enfadado. Lo más probable es que su respuesta sea: «No». Ahora, imagina qué habría pasado si le hubieras enviado a ese mismo amigo un mensaje de correo electrónico que dijera: «Estoy enfadado contigo».

Nuestra voz es un instrumento muy sutil y puede comunicar no solo las emociones más caricaturales (¡ira! ¡tristeza! ¡alegría!), sino también todos los tonos y matices intermedios.

Robin Mamlet, antigua responsable de admisiones de la Universidad de Stanford, cuya profesión actual es la de cazatalentos, no utiliza nunca el correo electrónico para verificar referencias. ¿Cuál es su razonamiento? Cuando está al teléfono, en ocasiones percibe una pausa o una voz constreñida en respuesta a una pregunta sobre los hábitos de trabajo del candidato, lo cual puede insinuar que tras la respuesta que le están dando se esconde una verdad más complicada. Si Mamlet advierte una vacilación puede presionar un poco y quizá obtener la historia completa. Lo más probable es que una respuesta por correo electrónico no le hubiera dado las pistas necesarias para continuar.

Al contrario que el correo electrónico, el teléfono te da la oportunidad de cambiar de rumbo. Si estás al teléfono y sientes que la conversación se desmorona —a lo mejor aquella broma no era *tan* graciosa, o esa táctica no era *tan* buena idea— tienes tiempo y espacio suficientes para virar y encontrar un rumbo mejor.

El otro día Will se encontró en la fase inicial de una guerra de mensajes con un colega. Las partes iban alejándose poco a poco, más preocupadas por apuntarse tantos que por solucionar problemas. Cuando Will recibió por respuesta un mensaje particularmente incendiario se puso a redactar, una y otra vez, una contestación que pasaba de ser razonable a sarcástica, a furibunda, a glacial. Cuando reparó en que llevaba una hora dándole vueltas, se dio cuenta no solo de que había perdido una buena parte del día, sino también de que ninguna de las versiones de su respuesta ayudaría a resolver la cuestión, ni siquiera la más moderada de todas. La misma herramienta que tanto tiempo le permitía ahorrar se lo estaba haciendo malgastar de mala manera. La única esperanza de resolver el problema residía en una llamada telefónica. Will llamó y el conflicto se arregló solo. Las cosas no siempre salen así de bien, por supuesto, pero conviene recordar que es una posibilidad.

¿Por qué utiliza la gente el correo electrónico en situaciones en las que sabe que debería usar el teléfono («¡Ay, si le hubiera llamado...!»)? Quizá porque el teléfono puede ser un incordio: números que buscar, el infierno de los contestadores automáticos, el miedo de pillar al interlocutor en mal momento, etcétera. O acaso porque cuando las noticias son malas el teléfono requiere valentía, a menos que optes por la alternativa cobarde de programar tu llamada para caer en el contestador automático (una táctica más difícil de emplear hoy día debido a la proliferación de teléfonos móviles y la identificación de llamadas).

Puede incluso que algunos de nosotros disfrutemos con las guerras enardecidas a expensas de solucionar el problema planteado. O tal vez sea más fácil vivir la vida desde la distancia. Sea cual sea el motivo hay algunas cosas para las que nada resulta tan útil como el invento ideado por Alexander Graham Bell hace ahora 130 años.

Siete razones para usar el teléfono en lugar del correo electrónico

1. Cuando necesites transmitir o distinguir una emoción.

2. Cuando necesites abrirte camino por la maraña de la comunicación. ¿Has enviado 67 correos electrónicos y todavía no has terminado de organizar la reunión? Con tres llamadas todo estaría listo. (Fecha, hora, lugar, lista de participantes, quién toma qué a la hora de comer.)

3. Cuando necesites moverte rápido. (Sí, es cierto, incluso con los teléfonos móviles puedes tener dificultades en encontrar a alguien o puedes toparte con un contestador automático. Aun así, el teléfono es más rápido y más fiable que cualquier otra cosa. Cuando por fin has dado con alguien, al menos lo sabes.)

4. Cuando quieras que una comunicación remota sea privada. (A menos que estés siendo grabado o estés hablando a voz en grito en un sitio público, lo cual, por cierto, es de mala educación.)

5. Cuando necesites dar con alguien que no tiene correo electrónico o que no lo revisa.

6. Cuando quieras que la gente se comprometa y conteste inmediatamente. El hecho de que podamos hablar al mismo tiempo e interrumpirnos significa que podemos comunicarnos como lo hacemos cuando estamos cara a cara. El teléfono ofrece la posibilidad de que nuestras palabras e ideas se solapen, se

mezclen y se amplifiquen mutuamente. La mensajería instantánea y los mensajes de texto son la versión mímica de este proceso pero no llegan a igualarlo.

7. Cuando necesites enviar un mensaje de correo electrónico difícil, puedes suavizar el golpe (o tomar tus distancias) con una llamada previa a modo de advertencia. («Solo quería que supieras que voy a enviarte un mensaje formal en el que te comunico que tu propuesta no ha sido aceptada. Valoro nuestra relación y espero que podamos hablar mañana una vez que lo hayas leído».)

Mensajes de texto y mensajería instantánea

En este terreno la tecnología avanza más rápido que la velocidad a la que se publican los libros. Así que puede que, para cuando leas este libro, las tecnologías sobre las que discutimos en este apartado estén obsoletas o hayan sido jubiladas o transformadas de tal forma que nos resulten irreconocibles.

Cuando envías un *mensaje de texto,* como el del ejemplo que sigue, estás enviando un mensaje escrito por medio de tu teléfono. Cuando mandas un *mensaje instantáneo,* como se muestra a continuación, estás comunicándote en tiempo real, a través de Internet, con un contacto o una comunidad preexistentes. En cualquier caso, ambos métodos son formas de mensaje electrónico.

De: Luis
¿Dnde stas
Clara?

De: Clara
Cerca del
centro. ¿Y tú?

Según la Cellular Telecommunications Industry Association (Asociación de la Industria de Telecomunicación Móvil), los estadounidenses con capacidad de enviar mensajes de texto mandaron alrededor de siete mensajes al mes en el 2002. En junio del 2005, esta cifra aumentó hasta alcanzar los 38 mensajes mensuales. *(The Economist* atribuye este incremento, en parte, al éxito del programa *American Idol,* que instaba a su audiencia a enviar sus votos vía mensaje de texto.) Aun así, los estadounidenses mandan muchos menos mensajes de texto que la gente de otros países, en parte porque los servicios telefónicos en Estados Unidos son relativamente baratos.

Margarita: ¿¿¿¿Cuánto tiempo se va a tirar Carlos hablando????
Carmen: Eternamente.
Margarita: Si vuelve a decir CHICAS una vez más, le doy una paliza.
Pilar: Al menos, por fin nos ha dado ordenadores.
Carmen: Ojalá estuviéramos sobre nuestras motos acuáticas surcando las olas, o algo parecido.

La mensajería instantánea, en cambio, sí que se ha ganado el voto estadounidense. Según la última edición de la encuesta Pew Internet and American Life Survey (Encuesta Pew sobre Internet en los hábitos de vida de los estadounidenses), en el 2004 ya utilizaban la mensajería instantánea 53 millones de norteamericanos, es decir, el 42 % de los usuarios estadounidenses de Internet. El 24 % por ciento la empleaban aún más que el correo electrónico; y más de 11 millones de estadounidenses la utilizaban en el trabajo. *PCMag.com* publicaba que al menos un cuarto de las empresas estadounidenses utilizan la mensajería instantánea de manera oficial, hasta cierto punto, claro. (Algunas empresas han adoptado la mensajería instantánea para todas sus comunicaciones internas, en parte para evitar el correo basura, y quizá también la supervisión reguladora.) A medida que se vaya incorporando a las plantillas de las empresas gente más joven, criada con la mensajería instantánea, no cabe duda de que su popularidad como herramienta en el entorno del trabajo crecerá de forma exponencial. Y eso es bueno.

El hecho de tener una confirmación escrita de una conversación fugaz puede ser muy útil. Will y sus colegas se encontraban en mitad de una negociación tensa. Según salía Will a toda prisa a comer algo, uno de sus colegas le gritó por el pasillo: «¿¡Cuál es nuestra próxima oferta!?».

Will le contestó: «Ve ofreciendo setenta y cinco». Por desgracia, lo que oyó el colega de Will fue: «Ofrece ciento setenta y cinco».

Así que el colega hizo una oferta de 175.000 dólares. En retrospectiva, Will habría redactado un mensaje de texto en el ascensor para confirmar su oferta y habría evitado así un error de 100.000 dólares.

Un inciso a favor de la mensajería instantánea: muchas empresas se han dado cuenta de que para los esfuerzos que requieren colaboración, esta tecnología puede ser sorprendentemente eficaz. La mensajería instantánea tiende a despersonalizar la conversación de manera que la gente se fija más en las ideas que en la persona de quien provienen; preserva un registro de la sesión —y a veces, hasta que no revisas la transcripción, no resulta evidente un elemento clave—, y permite a los participantes adjuntar fotografías, vínculos y demás información relacionada.

Esto mismo puede funcionar también en otros entornos. Kit Reed, profesor de inglés en la Universidad Wesleyan, dirige un taller de escritura que se desarrolla íntegramente en Internet, mediante la mensajería instantánea. (A esto se le denomina un *multiuser object-oriented domain* [MOO, dominio multiusuario orientado a un objeto].) Este espacio proporciona a los estudiantes la oportunidad de criticar sus respectivos trabajos en un ambiente despersonalizado, aunque supervisado. «En un entorno electrónico donde los demás no pueden verte y tú no puedes verlos a ellos, incluso los más tímidos son capaces de decir cualquier cosa. ¡Cualquier cosa!», cuenta Reed en *Argus,* la gaceta universitaria de la Universidad Wesleyan. «Para mucha gente, el hecho de no tener ni cara ni sexo, de ser anónimo, resulta muy liberador, en particular cuando está hablando del trabajo propio y del ajeno».

Cinco razones para usar la mensajería instantánea o un mensaje de texto en lugar del correo electrónico

1. Al contrario que el correo electrónico, siempre funcionan en tiempo real. ☺

2. *Prefieren mnsjs cortos.* (De hecho, los exigen.)

3. Permiten que los miembros voluntarios de pequeños equipos de trabajo hablen los unos con los otros e intercambien ideas.

4. Son ideales para la comunicación instantánea móvil, silenciosa y secreta.

5. Aun siendo una réplica en forma de texto de conversaciones fugaces, proporcionan un registro temporal de lo que ha dicho cada uno.

Una pequeña advertencia: la gente tiene la impresión de que la mensajería instantánea y los mensajes de texto son efímeros. Pues no del todo. *Ambos pueden ser guardados por los individuos y la mensajería instantánea puede ser conservada por los servidores de las empresas.*

Mezcla y junta: estrategias híbridas

Aunque hasta ahora hemos analizado cada tecnología por separado, es importante recordar que no existen de forma aislada. Se pueden emplear varios métodos de forma secuencial, utilizando el correo electrónico para, por ejemplo, establecer un contacto inicial y a continuación hacer el seguimiento por teléfono. O bien puedes combinar dos o más métodos de forma simultánea.

Si eres responsable de contestar las llamadas telefónicas de alguien, resulta extremadamente útil poder comunicarte con tu jefe por mensajería instantánea mientras este está al teléfono para decirle que tiene otra llamada en espera. Esto te evita tener que garabatear algo en un trozo de papel, entrar en su despacho, menear el papel bajo sus narices e intentar interpretar si sus frenéticas señales significan: a) «Dile al que llama que espere», b) «Dile que me deje en paz», o c) «Sal de mi despacho».

O quizá estés a punto de resolver una cuestión delicada o emocional (no tiene por qué ser un asunto de negocios) por teléfono o en persona, en cuyo caso puede que sea buena idea confirmar la decisión conjunta por correo electrónico.

Pongamos que tus colegas y tú estáis en una reunión telefónica con un tercero. Podéis comunicaros entre vosotros por mensajería instantánea para formular una estrategia unificada, comentar respecto a lo que se ha dicho, compartir información visual y asignar responsabilidades, todo ello mientras proseguís con la reunión.

Una observación sobre la multitarea. Este concepto suele salir a relucir cuando los comentadores culturales intentan darle una gran importancia a los esfuerzos que hacemos por integrar en nuestras vidas varias tareas que resultan novedosas para nosotros. Así pues, mientras el uso simultáneo de la mensajería instantánea, el correo electrónico y el teléfono se puede calificar de multitarea para la generación de más de cuarenta, para la mayoría de la gente joven (la generación que ha crecido haciendo todas estas cosas) no es más que lo cotidiano, la vida.

La lingüista Naomi Baron le señaló esto mismo a Will en una comida durante la cual se las ingenió para tomar notas, comer lo que tenía en el plato y empaparse de la atmósfera de un restaurante de moda de Washington, D. C., todo ello a pesar de estar sonando música de fondo. Baron utilizó la analogía de un coche. «De forma simultánea miramos hacia delante, verificamos el retrovisor central y los espejos laterales, manejamos el volante, operamos el acelerador y el freno y echamos un vistazo a la aguja de la velocidad, y sin embargo no llamamos a esto realizar una multitarea, lo llamamos conducir». Para ella, la distinción radica en que los objetivos que se persiguen sean *simples* o *múltiples*.

Quizá el problema esté en el término. Existe una gran diferencia entre enviarle a una persona un vínculo útil al tiempo que estás hablando con ella por teléfono y verificar tu correo electrónico durante una reunión aburrida. Quizá necesitemos una palabra especial para la primera situación, para aquellos casos en que empleamos todas las herramientas tecnológicas que están a nuestra disposición con un solo fin. ¿Qué os parece la *combitarea?*

Pero si ese mensaje nunca me llegó...

Asimismo, existe una diferencia entre la *combitarea* (véase el párrafo anterior) y la *duplitarea* (o ser un verdadero pesado). Para la mayoría de la gente, que una persona te llame por teléfono minutos después de haberte enviado un mensaje por correo electrónico para preguntarte: «¿Recibiste mi mensaje?», puede ser un verdadero incordio. Si de verdad era tan importante, entonces habría bastado con una llamada. Aun así, es comprensible que la gente quiera saber si te ha llegado su mensaje.

He aquí la buena noticia: casi nunca se pierde parte de un correo electrónico. Aunque se transmiten por trozos (paquetes), o no recibes nada o lo recibes en su totalidad.

El correo electrónico es una herramienta fiable porque cada paquete puede tomar una de las muchas rutas que llevan a su destino, lo cual le permite cambiar de ruta con facilidad si encuentra algún problema por el camino. Pero la fiabilidad se debe también al diseño del sistema de control de errores de Internet. En el antiguo ARPANET, los paquetes perdidos eran responsabilidad de la red: los nodos que transmitían los mensajes tenían que hacer un seguimiento de cada paquete hasta que este llegara a su destino. El sistema actual de TCP/IP utiliza un enfoque diferente: la responsabilidad recae sobre el remitente y el destinatario —y no sobre los nodos de la red— con el fin de asegurar que no se pierde ningún paquete. Esto es posible mediante el envío, por parte del destinatario al remitente, de un acuse de recibo por cada paquete recibido. Si el servidor del remitente deja de recibir *acks* (así se denominan en inglés estos acuses de recibo), el servidor esperará durante un rato, pasado el cual volverá a enviar los paquetes que presentaron problemas.

Y ahora, la mala noticia: en el 2005, Mike Afergan y Robert Beverly, investigadores del Massachusetts Institute of Technology (MIT, Instituto Tecnológico de Massachusetts), pusieron a prueba la fiabilidad de la entrega de correos electrónicos y observaron que se pierden mensajes enteros más a menudo de lo que se pensaba en un principio. *Si bien el 90 % llegaban a su destino en un periodo de cinco minutos, algunos de ellos se quedaban estancados durante casi un mes.* (Los investigadores ofrecieron también pruebas de que la hora marcada en el encabezamiento de muchos mensajes a menudo es la incorrecta porque los relojes del servidor están mal ajustados.) Por otra parte, el estudio concluía que los servidores de empresas mencionadas en la revista *Fortune 500* tan solo devolvían el 28 % por ciento de los mensajes enviados a una dirección ficticia en sus propios dominios. Puede que esto no sea un accidente. Los mensajes devueltos permiten a quienes se dedican a enviar correo basura saber cómo funciona el sistema de correo electrónico de una empresa.

En persona

No olvides aparecer de vez en cuando.

La tecnología se creó para facilitar las comunicaciones personales, no para acabar con ellas. Aunque suene simplista, cualquier cosa que se haga en persona es personal. Interactuar los unos con los otros conlleva un inmenso placer y productividad. Las convenciones, las reuniones, los viajes de negocios, las visitas comerciales, o el mero hecho de pasear por la oficina siempre sirven para algo.

No dispones más que de ti mismo, de 24 horas al día y de la capacidad de estar en un solo sitio al mismo tiempo. El simple hecho de que estés presente en un lugar concreto es el mayor cumplido y la mejor prueba de tu dedicación al trabajo encomendado.

Por otra parte, cuando hablas con alguien en persona registras, de forma consciente e inconsciente, una gran cantidad de claves visuales y tácitas. Es cierto que el teléfono es infinitamente más sutil que el correo electrónico, pero no es más que un instrumento burdo comparado con una interacción cara a cara. Lo que significa que es mucho mejor hacer algunas cosas en persona que de cualquier otra manera: una entrevista de trabajo, una evaluación de resultados, un despido o una propuesta de matrimonio son solo algunas de las más obvias.

Conviene recordar, además, que el correo electrónico no se ideó para situaciones en las que la toma de decisiones requiere que se escuchen varias voces por igual. Por ejemplo, si cuatro personas intentan elegir entre cuatro restaurantes diferentes para ir a cenar, cada una de ellas tiene opiniones que podrían influir en las de los demás, por lo que la decisión final depende del orden en que habla cada uno y existen 256 maneras de alcanzar la decisión final. Si en lugar de cuatro son diez las personas involucradas en esta conversación, entonces hay más de un millón de alternativas. En estos casos, una reunión en persona o por teléfono puede ahorrarles a todos muchas molestias.

Aunque resulte tentador esconderse tras un correo electrónico, un teléfono o cualquier otra tecnología de la que dispongas, no olvides seguir la regla de oro: nunca le hagas a nadie de forma digital algo que preferirías que te hicieran a ti en persona.

El silencio

Con tantas herramientas para comunicarnos a veces se nos olvida que hay momentos en que no necesitamos enviar una respuesta.

Por supuesto, nunca se debe contestar al correo basura. Asimismo, uno no debería sentirse obligado a contestar al «correo basura personal» (es decir, bromas, chistes, propaganda política enviada por algún amigo o conocido a una larga lista de gente). Las profanaciones, las amenazas y los insultos es mejor ignorarlos. Y si un extraño te escribe mensajes preguntándote una y otra vez algo a lo que ya le has contestado, o te presiona para que le hagas un favor que ya le has dicho que no podías o no querías hacer, es aceptable que dejes de contestar.

Cuando resulta evidente que una conversación ha terminado tampoco es necesario responder. A veces es difícil saber cuándo ocurre, y hay cosas peores que enviar un mensaje de más. Pero cuando el intercambio llega al punto de mensajes de una sola palabra —«Genial» o «Hecho»—, es señal de que conviene dejar de escribir sobre el asunto en cuestión. Asimismo, puedes tomarle la palabra a la gente cuando escribe en un correo electrónico: «No se requiere respuesta».

Además, el hecho de que todos los demás se estén enviando mensajes no significa que tú también debas hacerlo. Si estás en un grupo de correo deberías preguntarte si estás aportando algo o simplemente dejando notar tu presencia cuando te da por añadir «Genial» al conjunto de mensajes, o por enviar esa mínima mejora a un plan que, en realidad, no necesitaba mejora alguna.

En definitiva, hay ocasiones en que no hace falta decir nada, en particular durante discusiones muy acaloradas. La alternativa más sencilla puede ser dejarlo estar. Con los mensajes de correo electrónico, resulta particularmente tentador tener siempre la última palabra, pero si alguien tiene que acabar la conversación, ¿por qué no puedes ser tú?

Grandes momentos en la historia del correo electrónico

1976: La reina Isabel II de Inglaterra se convierte en el primer jefe de Estado en enviar un mensaje electrónico.

1978: Primer correo basura. (Enviado a todas las direcciones de ARPANET de la costa oeste de Estados Unidos por el representante de márquetin de una empresa informática.)

1979: El Servicio Postal de Estados Unidos compra un ordenador para gestionar el correo (y lo vende poco después).

1983: *Juegos de guerra* se convierte en el primer largometraje comercial en que aparece de forma prominente el correo electrónico.

1986: John Poindexter y Oliver North hacen desaparecer más de 5.000 correos electrónicos relacionados con el escándalo Irán-Contra.

1987: Primer correo electrónico enviado desde China al mundo exterior (a Alemania).

1992: El Banco Mundial se engancha a la red.

1993: La Casa Blanca establece su propia dirección de correo electrónica pública.

1993: La Organización de Naciones Unidas se engancha a la red.

1994: *Acoso* se convierte en el primer largometraje comercial en el que aparecen de forma prominente los correos electrónicos en el ámbito profesional.

1998: *Tienes un e-mail* se convierte en el primer largometraje comercial en el que aparecen de forma prominente los correos electrónicos personales.

2001: Juan Pablo II se convierte en el primer papa que envía un mensaje de disculpas por las injusticias cometidas por la Iglesia en Oceanía.

2001: Los talibanes prohíben el acceso a Internet.

2006: Britney Spears planta a su marido por medio de un mensaje de BlackBerry.

CAPÍTULO 2

La anatomía de un mensaje de correo electrónico

A menudo estamos tan concentrados en lo que queremos decir que no le prestamos la suficiente atención a los aspectos prácticos del correo electrónico, especialmente si contestamos a un mensaje en lugar de redactar uno desde cero. Esto sucede porque, en nuestros programas de correo electrónico, tanto los campos *Para, Cc* y *Cco* como la línea de *Asunto* están predeterminados de tal forma que cuando le das al botón de *Responder* todos los campos se rellenan automáticamente.

Obramos con la misma inconsciencia cuando se trata de los demás elementos básicos de nuestros correos electrónicos: la conveniencia de reenviar o no un archivo adjunto o de añadir una marca de seguimiento; el tipo, tamaño y color de fuente que deberíamos utilizar; la forma de saludar o despedirse de alguien —tendemos a dedicarle a todas estas opciones menos atención de la que merecen—. Y es una pena, porque tomarse unos segundos para pensar cómo quieres configurar tu correo electrónico puede marcar la diferencia.

Examinemos de arriba abajo los bloques constructivos de un correo electrónico.

Para:

Has escrito un mensaje brillante en el que resumes tus sugerencias para un proyecto del trabajo. Un mensaje francamente «perfecto». Sin un solo fallo. Divertido. Directo. Detallado. Preciso.

A continuación se lo envías a un colega que piensa: «Esto está muy bien, pero ¿qué tiene que ver conmigo?». O bien olvidas incluir entre tus destinatarios a una de las personas a las que más concierne y todos tus esfuerzos han sido en vano porque esa persona ya no te dirige la palabra.

No estamos hablando de los mensajes que enviamos *a la dirección equivocada por error.* Estamos hablando de los mensajes ordinarios, aquellos que enviamos a diario, *de mala manera, por falta de atención.*

Existen distintas variantes de estos últimos. Si incluyes a demasiada gente en el campo *Para,* nadie se siente obligado a responder. Si repites o te saltas a alguien en tu campo *Para,* puedes acabar perjudicando tu objetivo. Y si molestas a un contacto importante con una petición inapropiada, es probable que tus mensajes sucesivos no reciban respuesta. Cuando le envías al director de ventas de Barcelona una petición dirigida al de Sevilla, puedes resultarle irritante y, en un momento dado, puedes resultárselo al que nunca la recibió. El mensaje que transmites es «No sé a qué te dedicas» o «Creo que eres una de esas personas que haría cualquier cosa que le pidiera, aunque no fuera su trabajo». Ambos son negativos.

Aun a riesgo de resultar demasiado obvios, diremos que ni el más elegante de los mensajes de correo electrónico puede ayudarte a alcanzar tu objetivo si no se lo envías a la persona adecuada: a aquel que puede hacer algo al respecto. He aquí algunas cosas que conviene recordar.

Demasiados

Cuidado con introducir a demasiada gente en el campo *Para*. Si pides a seis personas que lleven un documento a una reunión, lo más probable es que las seis lo lleven —y cabe la posibilidad de que ninguna de las seis lo haga, a no ser que le asignaras una tarea específica a cada una de ellas en el cuerpo del mensaje—.

Por ejemplo:

Para: José, Rosa
Asunto: La reunión
De: Andrés

¿Alguno de vosotros puede recordar traer el gráfico circular a la reunión de Sara López?

¿Quién lo traerá entonces?

Para: José, Rosa
Asunto: La reunión
De: Andrés

José: Te ruego traigas el gráfico circular a la reunión de Sara López.
Rosa: ¿Puedes recordarle a José que traiga el gráfico circular a la reunión de Sara López?

Patrick Lencioni, autor de *Las cinco disfunciones de un equipo: un inteligente modelo para formar un equipo cohesionado y eficaz,* nos comentó: «Cuando envío un mensaje por correo electrónico a una sola persona, tengo un 95 % de posibilidades de obtener una respuesta. Cuando se lo envío a diez personas, dicho porcentaje cae al 5 %. A medida que vas añadiendo destinatarios, reduces drásticamente el carácter exclusivo de tu mensaje y le haces pensar a la gente que no necesita leerlo ni hacer lo que pides».

Así es la naturaleza humana: un individuo tiene muchas más probabilidades de hacer lo que se le pide en un correo electrónico si es el único en figurar en el campo *Para*.

Para no es *Cc*

No confundamos el campo *Para* con el campo *Cc*. Por ejemplo, si quieres darle las gracias a una persona y deseas que otras personas lo sepan, pones a las demás en el campo *Cc*. Si les pones a todos en el campo *Para,* la persona a la que estás dándole las gracias podría ofenderse.

Digamos que quieres darle las gracias a Thomas, uno de los muchos miembros de un comité designado para redactar el borrador de un documento, por haberse quedado a trabajar hasta tarde.

Este es un ejemplo de lo que *no* hay que hacer:

Para: Benjamin Franklin, John Adams, Roger Sherman, Robert Livingston, Thomas Jefferson
De: Segundo Congreso Continental

Gracias por quedarte tan tarde a terminar la Declaración.

Esto es lo que deberías haber hecho:

Para: Thomas Jefferson
Cc: Benjamin Franklin, John Adams, Roger Sherman, Robert Livingston
De: Segundo Congreso Continental

Gracias por quedarte tan tarde a terminar la Declaración.

Direcciones privadas

¿Adivinas cuál de estas direcciones se beneficiaría de conocer las demás direcciones de correo electrónico?

Para: jlopez@arrakis.es; agomez@auna.com; patricia3@ elpais.org; fernandohl@telefonica.net; xosecastro@uam.edu

Cuando le escribes a mucha gente al mismo tiempo, recuerda que estás compartiendo sus direcciones privadas de correo electrónico con todo el mundo —direcciones que los destinatarios quizá no quieran compartir—. (La otra cara de la moneda es, por supuesto, que los mensajes multitudinarios que recibes constituyen una manera excepcional de poner al día tu lista de contactos.) Consigue un asistente técnico para aprender a comprimir nombres individuales en una lista de distribución o colócalos a todos en el campo *Cco* para preservar su anonimato. Y no abuses de los mensajes enviados a grupos.

La mejor dirección

A muchos de nosotros nos gusta ponernos distintos sombreros, y la popularidad de las direcciones múltiples de correo electrónico es un perfecto reflejo de esto. Antes de enviar algo, asegúrate de que lo estás mandando a la mejor dirección posible. (¿Cuántas veces has tenido que escuchar cosas como «No puedo creer que me hayas enviado el mensaje a *esa* cuenta AOL. Casi nunca la verifico», o peor todavía: «No puedo creer que me hayas enviado ese mensaje a la oficina. ¿Es que no sabes que lo leen todo?») Conviene que lo hagas no solo para estar seguro de que tu destinatario recibe el mensaje —y que dicho correo no lo pone de patitas en la calle—, sino también para conseguir que tu correo le llegue a esa persona cuando sea más probable que pueda ocuparse del tema. Hay que procurar dar con la gente en el momento justo, y este debe ser no solo el momento en que revisa su correo, sino en el que está, además, con el estado de ánimo adecuado. A menudo la dirección de correo electrónico que corresponde a la faceta que nos importa de nuestro destinatario resulta evidente:

Pepe@Microsoft.com: Adjunto encontrarás un plan para destruir virus.

Pepe@Gatesfoundation.com: Adjunto encontrarás un plan para destruir la malaria.

Pepe@hotmail.com: ¿Te vienes a tomar unas cervezas el viernes?

Cuando no es tan evidente siempre puedes preguntar o enviarlo a todas las direcciones de que dispones, teniendo en cuenta, eso sí, estas dos reglas:

Si contestas a la dirección desde la que te envió un mensaje en su momento, lo más probable es que no puedas equivocarte, siempre y cuando el tema que abordes sea del mismo tipo.

No envíes nunca a una dirección profesional algo de lo que el destinatario podría avergonzarse en caso de leerlo la empresa entera.

El orden

Más gente de la que creemos le da importancia a la jerarquía. Asegúrate de poner los nombres de tu campo *Para* en el orden apropiado, por lo general de acuerdo con el rango. La cosa debería quedar así:

Para: Teniente general, general, coronel, comandante, capitán, teniente, alférez, sargento, cabo primera, cabo, soldado

Pero ¿qué pasa cuando le escribes a un montón de soldados? Puedes ordenarlos por antigüedad, grado de confianza, sensibilidad (puede que quieras darle prioridad a quien más le importen estas cosas) o por la relevancia de la tarea en cuestión. Ante la duda, puedes ponerlos por orden alfabético o decidir no darle tantas vueltas.

El *Para* accidental

Todos podemos cometer errores en nuestros mensajes. Basta con que nuestro dedo resbale ligeramente y habremos enviado un mensaje aún a medio cocinar, por no decir del todo crudo.

Es más, si has estado usando el correo electrónico durante, pongamos, el último par de meses, son muchas las probabilidades de que te hayas visto involucrado en alguna desventura por redirigir o reenviar un mensaje. Crees que le estás contestando a alguien, pero en realidad le estás reenviando un mensaje; crees que estás reenviando un mensaje pero en realidad estás contestándolo; crees que estás contestándole a una persona, pero en realidad les estás contestando a todos; crees que estás redactando un mensaje desde cero, pero no es así, y la información agazapada tras los mensajes anteriores puede resultar terriblemente embarazosa.

El relleno automático supone otro peligro. Si tienes a dos personas en tu libreta de direcciones cuyos nombres comienzan por las mismas letras, gracias a tu programa de correo electrónico resulta asombrosamente fácil enviarle el mensaje a la persona equivocada. Pongamos, por ejemplo, que eres un actor y que quieres enviarle tu última lista de papeles protagonistas a PAlmodovar, pero no estás mirando la pantalla cuando escribes el nombre del destinatario y la lista acaba siendo enviada a PAlmolive. Así que Pedro no recibe la lista y tu amigo de la fábrica de jabones Palmolive piensa que eres un idiota.

Las listas de distribución pueden amplificar el desastre potencial. En mitad de una sesión de formación informática, el responsable de admisiones de la Facultad de Derecho de la universidad californiana de Berkeley le envió el siguiente mensaje a unos 7.000 candidatos: «Le escribo para felicitarlo, una vez más, por haber sido admitido». Para los 6.500 que no habían sido admitidos, fue una verdadera sorpresa. Como también lo fue el mensaje que desmentía esta noticia, que recibieron 20 minutos más tarde.

«Estaba haciendo el tonto con el programa», le dijo el responsable de admisiones al *San Francisco Chronicle*. «Le di al botón *Enviar* y acto seguido, estuve a punto de desmayarme».

Al menos el responsable de admisiones se dio cuenta inmediatamente de que había metido la pata y tuvo la oportunidad de corregir su error. Pero no siempre es así. Por ejemplo, cada poco tiempo David recibe un correo electrónico de un determinado relaciones públicas. Hace dos años este individuo le envió a David, de forma accidental, una copia de su correspondencia con uno de sus clientes. Este último había escrito un artículo de opinión para la página editorial de David, y había sido rechazado; rechazado con delicadeza, todo sea dicho. La nota hacía referencia al criterio de David como editor, así como a su carácter, con una franqueza tan mordaz que, de haber empleado este tono en su artículo original, no solo le habría insuflado vida al texto, sino que lo habría vuelto imposible de publicar en un periódico familiar.

Aunque es cierto que David estudia con atención todos los artículos de opinión que le llegan —y ha aceptado, de hecho, otros artículos propuestos por el mencionado relaciones públicas—, sería falso decir que no siente contrariedad alguna cuando el nombre de este último aparece en su bandeja de entrada. Si David trabajara en un entorno diferente, seguramente los mensajes de esta persona ni siquiera serían atendidos.

Cc:

Si lo único que quieres es asegurarte de que alguien sigue en el círculo, entonces está claro que no pertenece al campo *Para;* a esta persona le corresponde estar en el campo *Cc* o *Copia de carbón*.

Lo que *Cc* significa es, sencillamente: «Quiero que sepas lo que pasa, aunque probablemente no tengas que hacer nada al respecto». Dado que su propósito es tan ambiguo, desde un punto de vista político y jerárquico, una *Cc* es un verdadero campo de minas.

La *Cc* correcta

Para: Hermano pequeño
Cc: Hermana mayor
De: Papá

Por favor, dale de comer al lagarto.

Hermano pequeño sabe que es su trabajo. Hermana mayor sabe que no le corresponde a ella hacerlo; pero puede llegar a recordárselo a Hermano pequeño. De haber estado incluida en el campo *Para,* el lagarto habría sido alimentado dos veces o ninguna.

Tomar partido

Cuando utilizas la *Cc,* piensa detenidamente a quién quieres incluir y a quién dejar fuera, tanto si estás redactando un mensaje nuevo como si estás contestando a uno antiguo. El hecho de que una persona esté en la primera etapa de un intercambio de mensajes no significa que tenga que permanecer en copia para siempre. Sin embargo, si alguien está intentando excluir de una conversación a otra persona que, por derecho, debería formar parte de esta, una *Cc* puede poner a todo el mundo en su sitio. ¿Qué queremos decir con esto? Veamos el ejemplo de un supervisor que le escribe a un cliente (Adrián) en respuesta al intento, por parte de este último, de puentear a la representante de servicios (Leonor):

> **Para:** Adrián
> **Cc:** Leonor
> **Re:** La campaña de márquetin
>
> Siento que esté descontento con la respuesta de Leonor, pero me temo que es del todo acorde a la postura de la empresa. Espero que se haga cargo de que es mejor que continúe tratando directamente con ella.
> Atentamente,
> El Supervisor

El supervisor de Leonor podría haber enviado este mensaje sin añadir una *Cc,* pero el hecho de incluirla pretendía transmitir, tanto al cliente como a Leonor, que esta última disfrutaba del apoyo absoluto de su superior. (En algunos casos delicados, es mejor resolver estas cuestiones por teléfono.)

Suprimir y añadir sobre la marcha

Suprimir o añadir a un destinatario del campo *Cc* de forma unilateral en una conversación electrónica puede alterar la dinámica de grupo o crear recelos. Ante la duda, puedes preguntarle a alguno de los involucrados —por teléfono, en persona o por correo electrónico— si le importa que envíes o dejes de enviar copia a una persona en concreto en una parte de la correspondencia.

Si crees que alguien debería ser borrado de una cadena de correos electrónicos, ofrécele la posibilidad de liberarse:

Para: Marcela
De: Lucía
Re: Especial Reyes Magos

Puede que intercambiemos docenas de correos electrónicos más relacionados con la logística de este próximo evento. Dime si quieres que te enviemos copia o si prefieres que no colapsemos tu bandeja de entrada.

O si lo que quieres es añadir a alguien:

Para: Marcela, Pilar, Sara, Emilio
Cc: Carlos
De: Lucía
Re: Especial Reyes Magos

Chicos, vamos a añadir a Carlos en estos mensajes porque él será quien se encargue de tocar la guitarra durante la fiesta.

Nota: Lucía llamó a Marcela antes de enviar este segundo mensaje; sabe que su autoestima es algo baja y no quería que se tomara a mal que ella decidiera de forma unilateral añadir a Carlos.

Escalar

Si pones en copia al jefe de alguien en un mensaje elogioso, es una manera de redoblar el cumplido. Si lo haces en un mensaje de queja, empeora con mucho la reprimenda. Añadir al departamento legal o de recursos humanos en el campo *Cc* de un mensaje puede significar varias cosas: si eres el jefe, es como decir que el destinatario tiene los días contados; si eres un empleado, lo más probable es que estés empezando una guerra. No digamos ya si alguna de las partes envía copia a la prensa, a la Oficina de Consumidores y Usuarios (OCU) o a un organismo gubernamental.

DEFCON* 1

Para: Sadam Husein
De: George W. Bush

Te ruego dejes entrar a los inspectores de armas.

DEFCON 2

Para: Sadam Husein
De: George W. Bush
Cc: Consejo de Seguridad de la ONU

Te ruego dejes entrar a los inspectores de armas.

DEFCON 3

Para: Sadam Husein
De: George W. Bush
Cc: Secretario General de Naciones Unidas, OTAN, Unión Europea, Junta de Jefes de Estado Mayor

Te ruego dejes entrar a los inspectores de armas.

Cara al público

No olvides nunca que una *Cc* tiene el poder de avergonzar a alguien públicamente, aunque no fuera esta tu intención.

La siguiente historia con moraleja concierne a un presidente de la división china de EMC (una multinacional que factu-

---

* El DEFCON o Defense Readiness Condition describe la capacidad de movilización y el nivel de alerta de las Fuerzas Armadas de Estados Unidos. Es una medida empleada por la Junta de Jefes de Estado Mayor y los comandantes de las Fuerzas Armadas y varía en función de la gravedad de la situación militar. El protocolo empleado en tiempos de paz es el DEFCON 5, y este va descendiendo a medida que la situación se vuelve más crítica hasta alcanzar el DEFCON 1, que representa la previsión de un ataque inminente. *(N. de la T.)*

ra 10.000 millones de euros al año). Una tarde de mayo del 2006, el ejecutivo se encontró su despacho cerrado, lo cual le indujo a enviar el siguiente mensaje a su secretaria:

> Ayer por la tarde me dejó Ud. sin acceso a mi despacho porque da por hecho que llevo las llaves de la oficina encima. A partir de ahora no saldrá de la oficina hasta tener el visto bueno de todos los directivos con los que trabaja.

En algún momento entre la redacción de este mensaje y darle al comando *Enviar,* sintió la necesidad de mandar copia a otros miembros de la empresa.

Su secretaria le contestó:

> Cerré la puerta del despacho con llave porque habíamos sufrido robos en el pasado. Aunque es cierto que soy su subordinada, le ruego que no olvide sus modales cuando me habla. Es la regla más elemental de cortesía entre seres humanos. Tiene usted sus propias llaves. Se le olvidó traerlas e intenta echarle la culpa a otra persona.

La secretaria, a su vez, envió copia a la plantilla completa de EMC en China. El mensaje no tardó en pasar a manos de la prensa china y originó un debate nacional, pues el jefe era de Singapur y su comportamiento despertó los miedos de la población local ante la cultura imperialista. Asimismo, consiguió tocar los asuntos sensibles de siempre, desde la dicriminación sexual a la jerarquía corporativa: ¿a quién corresponde en realidad el trabajo de cerrar las puertas con llave?

Al cabo de un tiempo, el jefe se sintió obligado a dimitir. Pero ¿qué habría pasado si no hubiese enviado a nadie copia de su primer mensaje? ¿Y si se hubiera limitado a enviarle el mensaje a su secretaria y a nadie más? (Por supuesto, queda la cuestión de si debería haberlo enviado o no, pero eso atañe a una

sección distinta de este libro.) En ese caso, no habría convertido un asunto privado sin importancia en una reprimenda pública; poner en entredicho de ese modo a su secretaria la con-
dujo a defenderse, a su vez, en público.

Nota para los directores ejecutivos

Si eres el jefe supremo puedes hacerles la vida más fácil a tus subordinados si recuerdas enviar copia a quienes te separan de la
persona a la que estás escribiendo. Esta táctica fomenta la trans-
parencia y la cooperación entre rangos.

Esto también puede funcionar en sentido contrario. Tuvi-
mos una discusión al respecto. Al principio David pensaba que si
recibiera una nota de su director ejecutivo no tendría por qué
compartirla con su jefe inmediato. ¿Y por qué no? Porque pensaba que resultaría perjudicial, que parecería que estaba presu-
miendo de su relación con el gran jefe.

Will construyó un argumento convincente según el cual, si
estás comunicándote con su superior, es tu responsabilidad in-
formar a tu jefe inmediato, algo que es mejor hacer por teléfono, en persona o por medio de un correo electrónico independiente o reenviado. (Si te limitaras a añadir a tu jefe directo en
el campo *Cc* al responder, podría parecer que estás reprendiendo al gran jefe por no haber incluido a tu supervisor directo.)
La clave está en tener al tanto a tu supervisor de lo que está pasando. ¿Cómo te sentirías si uno de tus subordinados inter-
cambiara mensajes con el director ejecutivo sin que tú estuvieras al corriente? Aunque nadie quiera alardear de nada, es
mucho peor mantener a tu jefe en la oscuridad y dar la impresión de que estás sosteniendo comunicaciones secretas. El conocimiento significa poder; cuando compartes el tuyo con alguien, le haces saber lo que piensas de él y lo importante que
crees que es.

Por qué están ahí

En tus mensajes electrónicos, déjale claro a quienes no formen parte de tu organización por qué has optado por enviarles copia.

Para: La novia y el novio
De: Director general, hotel de lujo
Cc: Flora, Nicolás

¡Estoy tan feliz de que hayan elegido nuestro hotel para su boda! He enviado copia a Flora, que se encarga de los arreglos florales, y a Nicolás, nuestro chef, responsable de elaborar las tartas.

Ambos se pondrán en contacto con ustedes directamente.

Cuando contestes a un mensaje de otra empresa que tenga en copia a gente que desconoces, no le des a *Responder a todos* hasta conocer la identidad y el cargo de cada una de las personas incluidas en el campo *Cc*. Descubrirlo puede suponer una gran inversión de tiempo, pero merece la pena. ¿Te imaginas estar en una reunión con un grupo reducido de gente de otra empresa y no saber cómo se llaman o qué puesto ocupan algunos de ellos? ¿Te sentirías lo suficientemente cómodo como para hablar de cualquier cosa libremente? ¿O tendrías la cautela de no discutir nada que fuera verdaderamente relevante? Imagina qué habría pasado si el director del hotel de lujo no les hubiera indicado a los novios la identidad de las personas incluidas en la *Copia de carbón*. Tras darle al comando *Responder a todos,* podrían haber escrito algo parecido a esto:

Para: Director general, hotel de lujo
De: La novia y el novio
Cc: Flora, Nicolás

Estamos encantados de celebrar nuestra boda en su impresionante hotel, pero llevaremos nuestras flores y nuestro pastel. Sin ánimo de ofender, la encargada de hacer sus arreglos florales parece daltónica y la muestra de tarta que nos hicieron probar durante nuestra visita sabía a rayos.

¿Responder o Responder a todos?

Haz saber a tus destinatarios en tu correo electrónico si deberían responderte solo a ti o si «Por favor, se ruega *Responder a todos*».

La política de las *Copias de carbón*

A nadie le gusta sentirse excluido. Pero no puedes incluir a todo el mundo en todo. Por esto mismo, la *Cc* es uno de los aspectos más conflictivos del correo electrónico. A continuación presentamos un caso modelo. No existe una respuesta correcta o incorrecta, solo opciones con distintas implicaciones que obedecen a las prioridades de cada uno.

El caso

Te llamas Sofía y eres la jefa de un equipo de diseñadores de tablas de surf. Recibes un mensaje de un subordinado, Toni, que envía copia a Elisa, la jefa de producción, y a Samuel, el jefe de ventas; pero no envía copia a Eva, la jefa de vuestro departamento gráfico, quien debería estar al cargo del dibujo en cuestión.

Para: Sofía
Cc: Elisa, Samuel
De: Toni
Re: «Cowabunga»

¿Todavía mola esta palabra? ¿O ya no? ¿Debería ir sobre la tabla?

Piensas que Eva debería formar parte de esto.

He aquí cinco opciones:

Opción uno: Añadir sin más (le das a *Responder a todos* y añades a Eva sin comentario alguno).

> **Para:** Toni
> **Cc:** Elisa, Samuel, Eva
> **De:** Sofía
> **Re:** «Cowabunga»
>
> En realidad no. Creo que está algo pasado. ¿Qué opinan los demás?

Opción dos: Añadir con un comentario (le das a *Responder a todos* y añades a Eva, pero haces un comentario al respecto).

> **Para:** Toni
> **Cc:** Elisa, Samuel, Eva
> **De:** Sofía
> **Re:** «Cowabunga»
>
> En realidad no. Creo que está algo pasado. ¿Qué opinan los demás? He añadido a Eva para que nos dé su opinión.

Opción tres: Reenviar (sin enviar referencia alguna al remitente original).

> **Para:** Eva
> **De:** Sofía
> **Re:** «Cowabunga»
>
> Toni me ha enviado el mensaje siguiente. ¿Qué opinas?

Opción cuatro: Reenviar con *Cc* (de vuelta al remitente original).

> **Para:** Eva
> **De:** Sofía
> **Cc:** Toni
> **Re:** «Cowabunga»
>
> Toni me ha enviado el mensaje siguiente. ¿Qué opinas?

Opción cinco: Rebotarlo al remitente (sugiriéndole que reenvíe el mensaje).

> **Para:** Toni
> **De:** Sofía
> **Re:** «Cowabunga»
>
> Creo que deberías incluir a Eva en esta conversación.

El análisis

Opción uno: La respuesta más eficaz cuando no hay factores capaces de complicar las cosas (todo el mundo se lleva bien; puede que Eva fuera excluida por accidente; en cualquier caso, no es probable que Eva se ofenda).

Opción dos: En esencia es lo mismo que la opción uno, exceptuando el hecho de que alerta al grupo de la presencia de Eva. Sin embargo Toni puede verlo como una reprimenda, pues les recuerda a todos que se le olvidó incluir a Eva.

Opción tres: Podría interpretarse como una conspiración; Eva podría enfadarse ahora que su exclusión original no ha sido enmendada públicamente; Toni podría enfadarse si descubre, más adelante, que su mensaje ha sido reenviado a Eva.

Opción cuatro: Menos conspirativo que la opción tres, y Toni puede ver que se le mantiene en la cadena. Aun así, puede sentir que se le está reprendiendo por pasar por alto incluir a Eva.

Opción cinco: Con mucho, la opción más segura de todas, pues le da la oportunidad a Toni de decir: «Vaya, se me olvidó», o de explicar que quizá tenga una buena razón para no incluir a Eva. Pero también es el camino más lento, pues es la única opción que no cumple el objetivo de hacerle llegar inmediatamente el mensaje a Eva, con el fin de que esta dé su opinión.

Si el tiempo es una cuestión crucial, este sería el momento de coger el teléfono y obtener el acuerdo verbal de Toni para elegir la opción uno o dos.

Cco:

La halagadora *Cco*

Debido a su propia naturaleza, la *Copia de carbón oculta* o *Cco* puede ser muy puñetera, y como tal debe usarse con extrema precaución. La *Cco* casi nunca debería utilizarse para las comunicaciones con miembros de la empresa, por la sencilla razón de que no conviene hablar a sus espaldas de la gente con la que trabajas. En escasas ocasiones, sin embargo, una *Cco* puede suponer una forma justificable de manifestar tu fe en un colega. Si le estás escribiendo a tu jefe y envías copia oculta a alguien de tu equipo, le estás demostrando a esa persona que valoras su confianza.

Para: Piloto de carreras
De: Jefe de boxes
Cco: Técnico encargado de cambiar los neumáticos

Estimado Piloto: Estamos cambiando los neumáticos demasiado a menudo. Tienes que tomar las curvas más lentamente. Los chicos del box se están volviendo locos.

Interior contra exterior

Una *Cco* puede resultar muy útil cuando estás comunicándote con alguien que no sea de tu empresa. Pongamos, por ejemplo, que necesitas mantener a tu jefe informado de tus negociaciones con otra empresa. Si le envías copia simple en toda tu correspondencia relevante, el jefe de la parte contraria sentirá la necesidad de involucrarse en la negociación. Antes de que te des cuenta, tu jefe se verá obligado a lidiar con el problema que te encomendó a ti originalmente. Una *Cco* puede evitar problemas de este tipo.

Para: Ministro de Asuntos Exteriores de Marruecos
De: Ministro de Asuntos Exteriores de España
Cco: Presidente de Gobierno de España

Mohamed:
¿Crees que podremos resolver el asunto de las pateras y evitar más muertos en el Estrecho?
Un abrazo.
Miguel Ángel

Informar sin que la cosa se desmadre

Una *Cco* a tu abogado le pone al corriente de lo que está pasando sin agravar la situación como pasaría si la parte contraria supiera que estás considerando emprender acciones legales.

Para: Miguel@MagdalenasMiguel
De: Miriam@MagdalenasMiriam
Cco: Abogado@MagdalenasMiriam

Querido Miguel:
Enhorabuena por la inauguración de tu propia tienda de magdalenas. No hemos podido evitar observar que el sabor de tus magdalenas se parece increíblemente al de las nuestras. ¿No te habrás llevado nuestra receta secreta por accidente, verdad?

Si una *Cco* te parece demasiado tramposa, siempre puedes reenviarle a la persona a la que habrías enviado una copia oculta el mensaje que acabas de mandar, añadiendo al principio del cuerpo del mensaje algo así como: «Para tu información» o «Pensé que te interesaría saber esto». Esta táctica también garantiza que no acabes complicado en el desastre potencial que podría provocar un *Responder a todos*. Recuerda: si alguien a quien has enviado una copia oculta le da a *Responder a todos*, tanto su respuesta (potencialmente despectiva) como el hecho de que estaba incluido en secreto en la correspondencia quedarán expuestos a los ojos de todos.

El abecé de las *Cc*, las *Cco* (y el *Reenvío*)

Cc: Quiero que sepas algo y quiero que los demás sepan que quiero que lo sepas.

Cco: Quiero que sepas algo y no quiero que los demás sepan que quiero que lo sepas.

Reenvío: Quiero que sepas algo y puede que quiera añadir algo al mensaje original y puede que quiera que los demás sepan que quiero que lo sepas, pero también puede que no, y por si acaso no quiero que lo sepan, quiero que sepas que no quiero correr ningún riesgo de que se enteren de forma accidental porque tú le des sin querer al comando *Responder a todos*.

De:

La mayoría de las veces, puedes dejar que el campo *De* se las apañe solito. Pero de vez en cuando puedes necesitar pensártelo un poco. He aquí dos ejemplos:

1. El campo *De* le dice a tu destinatario de dónde proviene el mensaje y adónde debería ir su respuesta. Si tienes varias direcciones de correo electrónico y quieres que la respuesta vaya a todas ellas, añade estas direcciones en el campo *Cc* y pídele a la persona a la que estás enviando el correo que le dé a *Responder a todos* para que puedas recibir su contestación en todas tus cuentas.

2. Recuerda enviar tus mensajes, así como las respuestas a otros, desde una dirección apropiada; la dirección del trabajo corresponde a temas de trabajo, y lo mismo pasa con el ocio. Y recuerda que tu dirección puede causarte perjuicio. Asegúrate de que la tuya da la impresión adecuada. Por ejemplo, los empresarios en busca de personal o los responsables de admisión a universidades suelen fijarse en las direcciones de correo electrónico. Así que si quieres conseguir ese trabajo o esa carta de admisión, será mejor que no envíes tu currículo desde elreydelabirra@campus.edu. (A menos que pretendas trabajar en Cruzcampo o esperes matricularte en un instituto cervecero.) Asimismo, la mayoría de programas de correo electrónico te permiten tener varios alias, de manera que no estás obligado a abrir varias cuentas, siempre y cuando no te hagas un lío con tus nombres. (De hecho, es importante que lo tengas claro si los mensajes dirigidos a distintos alias o a diferentes cuentas llegan todos a la misma bandeja de entrada. Puedes enviar mensajes desde una cuenta, pero hacer que las respuestas vayan automáticamente a otra.)

Líneas de *Asunto*

La línea de *Asunto* es la parte más importante, y también la más descuidada, de tus correos electrónicos. ¿Cómo de importante? Pues verás, en el recuadro siguiente encontrarás un surtido de líneas de *Asunto* reales que recibimos un día cualquiera, hace relativamente poco tiempo. Hemos optado por no incluir nada que tuviera que ver con disfunciones eréctiles u oportunidades de negocio provenientes de Nigeria.

Claro que, con esto, estamos siendo ligeramente injustos. Los mensajes tienen un contexto, y el nombre del campo *De* puede darte pistas sobre lo que significan estas líneas de *Asunto*. Dicho esto, esta primera serie nos pareció francamente desconcertante.

Doce líneas de *Asunto* inútiles que no te indican nada

¿Qué hacer?

¿¿¿¿¿?????

Re: Para tu información

Dos cosas

Buenas noticias

Urgente

Mañana

«   »

Estatus

¿Qué tal esto?

Una pregunta rápida

Necesitamos tu ayuda

Doce líneas de *Asunto* útiles que te indican a qué te enfrentas

Evento para la protección de animales, 29 de abril en Nueva York

Comentarios sobre el plan estratégico

Reúnete con nosotros en el Museo del Prado

Itinerario de Tomás y Andrés

Contraportada pendiente de entrega

Cumpleaños de mamá

Gastos aprobados

Orden del día reunión de adquisiciones

Documentos de las suscripciones desaparecidas

National Geographic está interesado

¿Una peli este fin de semana con Fernando?

Horario del próximo curso escolar

Una línea de *Asunto* es la forma en que te cuentas a ti mismo lo que estás diciendo. Si no se te ocurre una buena línea de *Asunto,* puede ser indicativo de que tu mensaje tiene algún problema.

Will, por ejemplo, se hizo un lío al intentar enviar un mensaje tras una importante reunión de ventas. Debido a que no había previsto suficiente tiempo para la reunión, esta había terminado bruscamente, así que sentía la necesidad de enviar un mensaje de disculpas. No obstante, durante la reunión se habían decidido muchas cosas, así que sentía la necesidad de enviar un mensaje para explicar los progresos alcanzados. Además, le había dicho al grupo que quería celebrar una reunión de seguimiento, así que sentía la necesidad de enviar un mensaje para sugerir una nueva fecha y lugar de reunión.

Pero ¿qué podía poner en la línea de *Asunto?* ¿«Disculpas por un final apresurado»? ¿«Plan de acción»? ¿«Próxima reunión»? ¿O una combinación de todas estas?

Aunque Will no estaba seguro de que el grupo se sintiera molesto, no quería correr ningún riesgo. En la línea de *Asunto* debía figurar una disculpa; pero no podía ser el único elemento ya que esto implicaría no sacar provecho del gran trabajo efectuado. Darle protagonismo a la próxima reunión daría la impresión de que a Will se le daban muy bien las reuniones, pero muy mal el seguimiento, sin embargo, esta era una cuestión que requería una respuesta inmediata, por lo que no podía permitir que se acabara diluyendo en el cuerpo del mensaje.

Cuando Will se dio cuenta de que estaba intentando hacer demasiadas cosas en un solo mensaje, decidió enviar dos.

El primero llevaba una línea de *Asunto* que decía: «Disculpas y recapitulación de reunión del 26/07».

La línea de *Asunto* del segundo, que envió inmediatamente después del primero, decía: «Próxima reunión de ventas el 05/08».

Nuestro sentir con respecto a las líneas de *Asunto* es el siguiente: úsalas siempre. Asegúrate de que dicen algo significativo. Asegúrate de que no suenan a correo basura. Asegúrate de que reflejan no solo el primer elemento de tu mensaje («pedido para la comida»), sino la totalidad de su contenido («pedido para la comida y fecha del juicio»). Y asegúrate también de que empleas nombres específicos que resulten identificables por el destinatario. (No pongas «Reunión», pon más bien «Reunión de ventas».)

Recuerda, el correo electrónico es despiadadamente democrático. Es difícil distinguir lo que es importante de lo que no lo es. Tu línea de *Asunto* es una de las pocas pistas que puedes ofrecerle a un destinatario para que este sepa cuándo y cómo debe leer tu mensaje. Por ejemplo, si no le hubiéramos puesto título a esta sección, ¿te habría resultado fácil encontrarla?

¡Ah!, y que sepas que pedirle a alguien que no lea el mensaje que le acabas de enviar: «Asunto: Olvida el mensaje anterior», es una invitación a que lo lea y difunda su contenido entre tanta gente como le sea posible. De hecho, un amigo publicitó deliberadamente un libro enviando un primer mensaje explosivo al respecto, seguido de otro en el que se pedía, en la línea de *Asunto,* que la gente no leyera el mensaje inicial. Funcionó de maravilla. Las ventas del libro se dispararon.

Mismo asunto, distintas líneas

Re: Reunión

o bien

Re: Dividiendo Europa
Re: ¿Crimea en febrero?
Re: La Conferencia de Yalta
Re: Jamón, puros, vinos

Ayuda para la PDA

Cada vez más gente revisa su correo electrónico desde una PDA, y el caso es que estas pueden cortar los finales de las líneas de *Asunto.* Por eso, cuanto más corta sea la línea, mejor. Asimismo, las primeras palabras son clave para decirle a tu destinatario lo que quieres.

Cena de fútbol en el Camp Nou

Esta frase basta para transmitir un mensaje a través de una pantalla diminuta. «Cena de fútbol» puede no significar gran cosa, pero si estás en el equipo y esperas confirmación de una cena, esas dos palabras son más que suficientes para llamar tu atención. En cambio:

Estás invitado, con motivo del final de la temporada, a una cena de fútbol...

Esta línea de *Asunto* tiene muchas probabilidades de verse reducida a «Estás invitado», dejando así a quien la recibe temporalmente desconcertado.

Ponte al día

Las líneas de *Asunto* necesitan ser renovadas a lo largo de una misma correspondencia electrónica, no solo para ofrecerle a la gente una idea más precisa de qué esperar, sino también por una cuestión legal de máxima importancia que discutiremos más adelante (véase página 198). Antes de enviar una nueva respuesta, asegúrate de que la línea de *Asunto* casa con tu mensaje y le comunica al destinatario si el último mensaje difiere de todos los precedentes. Esto es particularmente importante cuando el hilo conductor cambia radicalmente de dirección, distando con mucho de su punto de partida.

Por ejemplo:

Para: Tomás
De: Ana
Re: Hora para tu colonoscopia

¿Piratas del Caribe VIII o Spiderman XIV?

Quizá Tomás abriera este mensaje antes si leyera:

Para: Tomás
De: Ana
Re: ¿Alquilamos una película para esta noche?

¿Piratas del Caribe VIII o Spiderman XIV?

Re hasta el infinito

No caigas en la trampa de las «Re:, Re:, Re:, Re:». Cuando se empezó a usar el correo electrónico, las respuestas automáticas eran muy útiles porque resultaba más difícil reorganizar tu bandeja de entrada y necesitabas tener una referencia para saber en qué punto estabas de una conversación. Ahora que los mensajes se pueden ordenar con facilidad por remitente y por fecha, la proliferación de *Re:* parece el resultado de un tic nervioso.

¿Cómo saber si un mensaje proviene de una PDA o de un ordenador de sobremesa?

Respuesta: Lo más normal es que no puedas, a menos que alguien añada «Enviado desde una PDA» al final del mensaje. Con una sola excepción: si el remitente está usando Microsoft Outlook y te contesta desde una PDA, el *Re* de la línea de *Asunto* llevará la *e* en caja baja, mientras que si lo envía desde un ordenador de sobremesa, la *E* estará en caja alta: *RE*.

Evita las hipérboles

Pocas cosas resultan tan decepcionantes como un mensaje que no está a la altura de su presentación. Las «excelentes noticias» deberían ser verdaderamente excelentes.

Para: Armando
De: Laura
Re: Excelentes noticias

Por fin recordé el nombre de las galletas que tanto me gustaban de pequeña.

Contra:

Para: Armando
De: Laura
Re: Excelentes noticias

Los de Fontaneda quieren comprarnos la empresa.

Aún más decepcionante es el mensaje que contradice directamente el entusiasmo de su línea de *Asunto:*

Para: Todos los empleados
De: Recursos Humanos
Re: ¡¡¡¡¡¡¡PUENTE DEL FIN DE SEMANA DE LA INMACULADA!!!!!!!

El viernes anterior al día de la Inmaculada es jornada laborable. Si os marcháis pronto tendréis que apuntarlo como un día de vacaciones.

Línea de *Asunto* empleada como mensaje

El mensaje de correo electrónico que se limita a la línea de *Asunto* se utiliza cada vez más, y con razón, como si fuera un mensaje de texto. «La reunión es a las seis» podría ser el mensaje entero y caber en la línea de *Asunto.* Si haces esto, lo más cortés es añadir «Fin del mensaje» tras tu breve ráfaga informativa.

Para: Plutón
De: El Universo
Re: Ya no eres un planeta. Fin del mensaje.

Una variante sorprendente de esta modalidad son aquellos mensajes igualmente cortos que comienzan en la línea de *Asun-*

to y terminan en el cuerpo del mensaje a pesar de que el remitente podría haberlo encajado todo en la línea de *Asunto.* Puede que esta costumbre se derive de los mensajes de texto y de la mensajería instantánea, que se prestan a las ráfagas cortas. Pero en un correo electrónico resulta molesto; es como abrir una caja enorme para encontrarte un regalo insustancial.

Para: Aquellos que parten los mensajes
De: Lectores perplejos
Re: ¿Por qué diablos...

... hacéis esto?

Una buena línea de *Asunto* puede marcar la diferencia

Una colega de Will quería ponerse en contacto con Craig, de Craiglist. Para quienes no estén buscando piso, un sofá nuevo o consejos sobre cómo adiestrar un perro o ligar, explicaremos que Craiglist es un amplio servicio de anuncios clasificados gratuitos en Internet.

Así pues, la colega de Will hizo una búsqueda en Internet y encontró una entrevista reciente con Craig en la que este decía: «La forma de contar una historia es muy importante». Al escribirle, se aseguró de hacer referencia a esto último en la línea de *Asunto* del mensaje que le envió: «Re: Sí, la forma de contar una historia es muy importante». Craig le contestó al cabo de unos minutos. Aunque es cierto que Craig tiene la reputación de contestar a miles de mensajes, es probable que la nota enviada por la colega de Will tuviera una respuesta tan positiva —intentarán quedar a tomar café la próxima vez que ella pase por San Francisco— porque no era ni superficial ni insulsa.

Tema de las líneas de Asunto *terminado. Fin del mensaje.*

Archivos adjuntos

La posibilidad de adjuntar documentos, hojas de cálculo e imágenes en multitud de formatos es una de las mayores bendiciones del correo electrónico. Pero la gente adjunta demasiadas cosas, con demasiada frecuencia, desde documentos que no necesitas a fotos de vacaciones que no quieres ver.

Antes de enviar un archivo adjunto deberías preguntarte si es realmente necesario hacerlo. ¿No sería igual de fácil incluir ese mismo material en el cuerpo del mensaje? Puede que incluso puedas colocar la información en un soporte compartido o en una página web y facilitarle a tu destinatario las instrucciones de acceso o el vínculo necesario en el cuerpo del mensaje con el fin de que la obtenga con un solo clic.

Para: Lector
De: Will y David
Re: Archivos adjuntos

Hemos preparado algo divertido para vosotros en:
www.ThinkBeforeYouSend.com/attachments
[www.PiensaAntesDeEnviar.com/archivosadjuntos]

Ahí van nuestros argumentos en contra de los archivos adjuntos: acaparan un espacio valioso en tu servidor; pueden ser difíciles de ver en una PDA; llevan virus incorporados, y algunas personas establecen sus filtros de manera que estos detecten los mensajes que llevan un archivo adjunto. Así que utilízalos solo cuando sea necesario. Y por favor, no cojas la costumbre de adjuntar el logo de tu empresa o una representación gráfica de tu firma en cada uno de los mensajes que envíes.

Si aun así decides enviar un documento adjunto, cuéntale a tu destinatario, en la línea de *Asunto* o en el cuerpo del mensaje, qué es lo que contiene; así podrá decidir si le merece la pena abrirlo. Para que las cosas estén todavía más claras, encuentra nombres prácticos para tus archivos adjuntos. (No es lo mismo «Currículo de Francis» que «Currículo».) Y recuerda: no llenarías el armario de otra persona con tus cosas sin pedirle permiso; así que no acapares su memoria de ordenador con misteriosos archivos gigantescos (cualquier cosa que tenga más de un mega) que posiblemente no quiera tener y que quizá ni siquiera consiga abrir.

Los once tipos de archivos adjuntos más habituales

La *extensión* de un archivo —las tres o cuatro letras que están después del punto en el nombre del archivo— a menudo se refiere al programa que crea y utiliza este tipo de archivo. Por lo general, la extensión describe la forma en que los datos del archivo están codificados en la memoria del ordenador. La mayoría de los formatos pueden leerse desde una variedad de aplicaciones; algunos, sin embargo, solo funcionan con la aplicación de una empresa determinada.

- **.xls:** una hoja de cálculo de Microsoft Excel.

- **.ppt:** una presentación de Microsoft PowerPoint.

- **.doc:** un documento de Microsoft Word. Al igual que sucede con los archivos .xls y .ppt, estos pueden crearse y abrirse con programas informáticos libres, de código fuente abierto, como por ejemplo OpenOffice.

- **.exe:** un archivo ejecutable; esto significa que es un archivo que pone en marcha algún que otro programa cuando se abre en el sistema operativo de Windows (las aplicaciones de Mac llevan la extensión .app). Estos archivos no deberían enviarse nunca sin el permiso del destinatario, ni ser abiertos a menos que sepas quién te los está enviando, porque tienen la capacidad de infiltrarse y causar un verdadero caos en tu ordenador y, en su caso, en la red a la que esté conectado.

- **.dat:** un archivo que contiene datos en bruto. El más típico es un texto sin formatear con interlineación.

- **.pdf:** formato de archivo propiedad de Adobe que suele reducir la asignación de memoria de un documento. Adobe Acrobat genera archivos .pdf cuyas versiones impresas tienen el mismo aspecto sin importar cuál sea la fuente del documento original. Microsoft Word también produce .pdf (en los Mac, bajo el comando *Imprimir).* Las compresiones con .pdf son óptimas para documentos de texto e insuficientes, por lo general, para imágenes. Los documentos de texto suelen estar compuestos de grandes campos en blanco, que se pueden abreviar en la memoria del ordenador. Este formato resulta idóneo cuando se busca la portabilidad entre distintas plataformas. Programas de código fuente abierto como Cutepdf también pueden engendrar archivos .pdf.

- **.jpeg, .jpg:** una imagen. El formato extremadamente popular .jpeg (del inglés *Joint Photographic Experts Group* [Grupo Conjunto de Expertos en Fotografía]) reduce el tamaño de los archivos de imagen privándolos de parte de la información (la mayoría imperceptible). Este formato conviene para comprimir imágenes de alta resolución. La extensión de la compresión se puede controlar con Photoshop, por ejemplo.

- **.gif:** otro formato de imagen, utilizado principalmente para fotografías y desarrollado por CompuServe para enviar imágenes (y animación) a través de redes. El formato .gif solo soporta 256 colores, mientras que la mayoría de las imágenes digitales tienen hoy más de 16 millones de colores. Esto puede conducir a una pérdida de información. El formato .gif es más útil para figuras y diagramas que llevan solo unos pocos colores, por lo que está perdiendo popularidad.

• **.bmp, .png:** otros dos formatos de imagen más utilizados hoy en día que el .gif para la fotografía digital y cosas parecidas. El .bmp fue desarrollado por Windows pero muchos programas de Macintosh también lo aceptan. El formato .png se suele usar para comprimir de forma parecida al .gif, pero no tiene limitaciones en cuanto al número de colores que puede representar. Ambos son útiles para resoluciones medias.

• **.tiff, .tif:** del inglés *Tagged Image File Format* (formato de archivo de imágenes etiquetadas), un formato que comprime relativamente poco, o nada, el archivo de imagen, por lo que este tiende a ser grande. Al igual que el .pdf, el .tiff no descarta información del archivo (por ejemplo un detalle o un color de la imagen), mientras que los .jpeg y .gif sí que lo hacen. El .tiff es útil con imágenes de alta resolución. Otro formato que conviene a las imágenes de alta resolución es el .eps. Tanto Adobe Photoshop como Microsoft PowerPoint permiten guardar archivos en formato .tiff, .gif, .jpeg, .eps, .bmp, .png, .pdf, entre otros.

• **.htm, .html:** del inglés *HyperText Markup Language* (lenguaje de marcado de hipertexto). Un archivo se guarda en este formato a fin de ser visionado mediante un navegador de Internet como Firefox. La mayoría de las páginas web usan este formato, y las páginas que guardas en tu ordenador a menudo tienen el formato .html. Este último es un lenguaje etiquetado —lo que significa que no es más que tipografía con pretensiones— y las páginas web utilizan lenguajes cada vez más elaborados, como por ejemplo Java. El .html se convirtió en el formato de referencia para las páginas web porque estandardiza el protocolo para los hipervínculos y permite una gran flexibilidad. Los navegadores permiten un visionado fácil del código fuente de páginas web en .html.

Y tened cuidado: la gente puede cambiar las extensiones de sus archivos para poder colarlos a través de los cortafuegos. Lo que parece un inofensivo .pdf puede ser en realidad un malvado .exe.

Urgente, Acuse de recibo y Marca de seguimiento

Deberías evitar todas estas cosas. Tu correo electrónico debería hablar por sí solo. La urgencia y el deseo de una respuesta o un seguimiento pueden incorporarse fácilmente en la línea de *Asunto* y en el texto del propio mensaje.

La mayoría de los programas te permiten elegir estas opciones cuando estás redactando tu mensaje. La primera suele añadir un punto de exclamación o un pimiento rojo a tu mensaje. El segundo le pide al receptor que haga clic en una casilla para confirmar que ha recibido el correo electrónico. El tercero no solo adjunta una bandera a la línea correspondiente al mensaje en tu bandeja de entrada, sino que además puede enviar el mensaje al principio de la cola, si resulta que el receptor se sirve de las banderas para ordenar sus correos.

El problema de todas estas opciones es que resultan impertinentes. Y como tal, te puede salir el tiro por la culata.

Antes de usarlas, responde a lo siguiente:

¿Urgente?

¿Para ti o para los demás? Las personas que añaden de forma rutinaria *Urgente* a sus mensajes de correo electrónico son como el niño que gritaba «¡Que viene el lobo!»; si todo es urgente, entonces nada lo es.

¿Acuse de recibo?

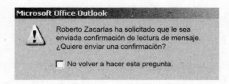

¿De verdad quieres congelar mi correo electrónico e impedirme hacer cualquier otra cosa hasta que seleccione la casilla que has adjuntado a tu mensaje para darte a conocer que lo he recibido? (Y si selecciono la casilla mediante la cual rechazo enviarte la confirmación, ¿quieres quedarte con la duda de si lo he abierto o no?) Para colmo de irritación, si el destinatario acepta enviar la notificación, lo que está haciendo en realidad es reconocer que ha leído el correo electrónico, momento a partir del cual empieza la cuenta atrás para su respuesta. Es como si te entregaran una citación. La única cosa que quizá sea todavía más molesta son esos programas hospedados en Internet —se nos ocurre, por ejemplo, Plaxo— que le piden a tus contactos que actualicen tu libreta de direcciones por ti. Es como si le pidieras a alguien que viniera a verte para escribir su nombre y dirección en tu agenda Myrga.

Quienes adjuntan casillas de *Acuse de recibo* a menudo se dan cuenta de que los receptores, movidos por una irritación totalmente justificada, leen el mensaje pero se niegan a hacérselo saber a sus remitentes. Tened presente que la casilla solicita una notificación; no es un requisito obligatorio.

¿Añadir marcas de seguimiento?

¿Estás seguro de que tu mensaje es más importante que el de todos los demás? Si no es el caso, reserva las banderas para el 12 de octubre (u otras fiestas nacionales).

En contra del consejo de innumerables expertos sobre eficiencia, mucha gente utiliza las banderas para marcar los mensajes recibidos que ya han leído pero que quieren contestar más tarde o volver a leer, convirtiendo así sus bandejas de entrada en una lista más de «cosas pendientes». Quienes adjuntan banderas de seguimiento a los mensajes que envían se encuentran, por su parte, con que su mensaje marcado acaba perdido en un mar de banderas alzadas previamente por su destinatario, mientras que uno sin marcar habría acabado en el lugar tradicional en que aterrizan los mensajes nuevos.

Fuente, tamaño y color

En una encuesta reciente, numerosos empresarios comentaron que no entrevistarían a un candidato si no les gustara la fuente (tipo de letra) empleada en su solicitud o su carta de presentación. Y más numerosos aún fueron quienes dijeron que le mencionarían su disconformidad a un colega cuya elección de letra les pareciera reprochable.

Ahora que todos los ordenadores vienen con una lista impresionante de fuentes para elegir, resulta tentador intentar comunicar un tono y expresar individualidad mediante la elección de una fuente menos habitual que **Arial** (la favorita en el Reino Unido) o Times Roman (la elección de los europeos y estadounidenses). Papyrus, American Typewriter e **Impact**, por mencionar unas pocas, ofrecen todas ellas un efecto inmediato e infunden a las palabras un valor añadido.

Comparad el tipo de letra Times Roman:
Ya he llegado.

Con el Broadway:
Ya he llegado.

El Chalkboard:
Ya he llegado.

Y el Blachmoor:
Ya he llegado.

La primera frase relata un hecho; la segunda lo grita; la tercera tiene un toque acogedor; y la cuarta le indica al destinatario que haría bien en tener a mano una ristra de ajos, una bala de plata y un crucifijo de madera.

Por muy tentador que resulte jugar con toda la gama de fuentes disponibles, solo es recomendable hacerlo si te mueves en un entorno muy creativo y correspondes con gente a la que le priva la excentricidad. El sentido común nos indica, cuando menos, que la forma no debería anegar nunca al mensaje.

El sentido común nos dice, además, que lo que escribes debería ser legible. En el mundo de los negocios, la norma es usar tipos de letras de 12 puntos; 8 puntos es excesivamente pequeño, y de 16 puntos para arriba resulta inapropiado a no ser que estés escribiendo tarjetas para dar la entrada a alguien (o escribas para alguien con problemas de vista). Por otra parte, lo que tú ves en tu pantalla puede ser distinto de lo que ve quien te lo haya enviado.

Si no estás seguro, selecciona una parte del mensaje y contrástala con tu menú de fuentes antes de enviarlo. Y cruza los dedos para que tu destinatario tenga un sistema compatible.

En lo referente al color, cíñete al negro, por la sencilla razón de que es más fácil de leer. Con la excepción de aquellas ocasiones en que, al contestarle a alguien, quieres que lo que tú añadas se distinga con facilidad del mensaje original. En estos casos, elige azul o rojo. (Algunos programas lo hacen automáticamente.)

En cuanto a los fondos de pantalla y el papel tapiz, ninguno de los dos resulta apropiado para un mensaje serio.

Comienzos

Eh:
Hola, tío.
Qué pasa, tronco.
Compañeros residentes del planeta Tierra:
Señor/Señora:
Estimado [tu nombre]:
Estimado [versión corta de tu nombre]:
Estimado [tu nombre mal escrito]:
Estimado [el nombre de otra persona]:
Estimado lector:

El saludo es la primera —y probablemente la más importante— oportunidad que tienes de mostrarle a tus destinatarios la opinión que tienes de ellos. Un saludo inapropiado tiñe todo lo que sigue. Puedes perderlos nada más decir «Hola».

La llamada en frío

A la gente a la que no conoces, siempre la tratas de Sr. o Sra. Sin embargo, la costumbre de dirigirse a la gente por su nombre completo —como el Sr. Carlos Varona, por ejemplo, en lugar del Sr. Varona—, hace que cualquier escrito parezca un documento de correspondencia combinada (el hijo bastardo de una carta tipo y una libreta de direcciones). Nunca saludarías a alguien así: «Hola, Sr. Carlos Varona», por lo que tampoco deberías empezar un mensaje de correo electrónico o una carta de esta manera.

No debería haber normas distintas para cada género: los hombres son Sr. y las mujeres Sra., y no Rita o cielo. Esto puede sonar demasiado obvio, pero hemos escuchado suficientes historias de mujeres que han sido tratadas de manera informal mientras sus colegas masculinos eran tratados con corrección como para creer que merece la pena repetirlo.

A la gente joven: si le estás escribiendo a alguien mayor que tú, probablemente sea buena idea dirigirte a esa persona de manera formal desde el principio. A la gente mayor: el que una persona más joven os envíe un correo electrónico que no incluya saludo, o cuyo saludo sea demasiado informal, no significa necesariamente que te esté faltando al respeto. Recuerda que hoy en día muchos padres, e incluso profesores, animan a los niños a dirigirse a los adultos por sus nombres de pila. Pero no tienes por qué sufrir en silencio: si lo desapruebas y no te incomoda decirlo, hazle saber a tu remitente que se está tomando demasiadas confianzas.

Y si vas a utilizar la correspondencia combinada, procura hacerlo bien. Will recibió hace poco un mensaje en el que le solicitaban una donación y estaba dirigido a «Estimado <$ Nombre $>». David, por su parte, ha recibido cartas al trabajo dirigidas al «Sr. Ed» (por lo de *Editor*).

Tratamientos honoríficos

Emplea títulos cuando resulte apropiado: *doctor, senador, cardenal, profesor, comandante, virrey,* etcétera, pero siéntete libre de ignorar los muchos títulos universitarios que existen. (Un consejo: si tienes uno, no lo pongas detrás de tu nombre en una carta. Lo más probable es que te haga más perjuicio que beneficio.)

Estimado

En cuanto a la cuestión de qué palabra debería introducir al nombre, *Estimado* siempre resulta aceptable y siempre es correcto. Cuando las cartas todavía eran la principal forma de comunicación, existían variaciones de este término. *Querido* se usaba cuando uno se dirigía a un amigo íntimo o un amante. (Algunos eran muy estrictos con respecto a no volver nunca a emplear el *Estimado* una vez se hubiera establecido una relación de *Querido.*)

Y durante siglos, *Señor* o *Señora,* sin nada a continuación, era la forma apropiada de dirigirse a los demás, en particular cuando se escribía a alguien a quien no se conocía. En sus cartas, lord Nelson solía dirigirse a sus amigos y contactos con el tratamiento de *Señor* o *Estimado Señor,* y esto en toda su correspondencia, con excepción de unas pocas cartas que empiezan con el nombre de la persona, dirigidas evidentemente a amigos cercanos. Dirigirse a una persona por su nombre de pila es una costumbre relativamente reciente, síntoma de una cultura cada vez más informal.

Por alguna razón, la gente que nunca escribiría en una carta *Paco* o *Pepe* o *Sr. García* sin una palabra de introducción, no duda en hacerlo en un mensaje de correo electrónico. Este último es una forma de comunicación más urgente, y tenemos muchos más mensajes que cartas que contestar cada día. Pero nos parece de mala educación ladrar el nombre de alguien así, incluso en un correo electrónico, especialmente si no conoces bien a tu interlocutor. Por la misma regla de tres, *Hola, Qué hay* y *¡Eh!* —por sí solos o seguidos de un nombre— deberían emplearse con gran prudencia. Cuando Jack Kerouac comenzaba una carta con el saludo «¡Sebastián, cabronazo!», está claro que escribía a un amigo.

Mucha gente

Otro problema frecuente del correo electrónico surge cuando hay que dirigirse a múltiples destinatarios. (Cuando se trata de un destinatario con muchas *Cc* solo es necesario dirigirse al destinatario principal.) En estos casos el saludo que elijas es particularmente importante, pues con este das una primera pista de por qué todas estas personas —es de suponer que algunas sean de distinto rango— han sido agrupadas para recibir un mensaje tuyo.

Estimados colegas es anodino y aceptable, como también lo son *Estimados amigos, Estimados colaboradores, Estimados clientes, Estimados accionistas* y cosas parecidas. «Estimados colegas que se prestaron voluntarios para ayudar con la campaña de donación de sangre» proporciona información sobre lo que viene a continuación. «A todos los que se rieron durante la ceremonia conmemorativa» no solo proporciona información, sino que además sienta el tono. Ya casi nunca tenemos motivo de escribir una carta con la clásica apertura *A quien corresponda,* que ha corrido más o menos la misma suerte que *Estimados camaradas.* (Como mucho, *A quien corresponda* le da la oportunidad al receptor de decidir que el tema del que trata tu carta no le *corresponde* demasiado y, por lo tanto, puede borrarla de inmediato.)

Si no hay forma sucinta de dirigirse a un grupo, existe, sin embargo, un encabezado que es inofensivo, cordial y no demasiado informal: *Buenos días.*

¿Quién eres?

Las direcciones de correo electrónico, al contrario que los remites de los sobres, a menudo no dan la menor pista sobre la identidad del remitente. (A veces esto es intencionado; otras veces no.) BERLIN20014@PROVEEDOR.ORG no te indicará cómo llamar a la persona que tiene esa dirección electrónica. (Muchos respiramos con alivio cuando CompuServe dejó de tener tanto protagonismo; aquellas direcciones numeradas eran extremadamente desorientadoras.) Y por el mero hecho de recibir un mensaje de nic@send.edu no significa que puedes contestar: *Estimado Nic,* si nunca has coincidido personalmente con él o con ella. De hecho, *Nic* podría no ser el nombre del remitente; podría ser el nombre de su gato o un grupo de letras escogidas al azar. En estos casos, bastará con poner *Buenos días,* y nada más. Si el remitente es sensible a este saludo, firmará su respuesta de manera que sepas cómo dirigirte a él la vez siguiente.

Cómo decir @ en múltiples idiomas

El nombre en español, *arroba,* procede del árabe *ar-rub* (la cuarta parte) y se usaba para nombrar la cuarta parte de un quintal. Su origen (del siglo VI o VII) más probable es la abreviatura de la preposición latina *ad,* que se usó nuevamente durante los siglos XII y XIII y más tarde fue adoptada como símbolo de la *arroba* (medida de líquidos y áridos que varía de peso según las provincias) entre los comerciantes españoles.

Los estadounidenses la aplicaron al correo electrónico porque en inglés se llama *at,* es decir, «en» o «a», y dota a la dirección electrónica de una estructura inteligible, similar a la de una dirección postal.

Algunos idiomas han seguido su ejemplo; otros, sin embargo, han tenido ideas distintas. He aquí algunos ejemplos, cortesía de la página web Herodios.com.

Checo (República Checa): *závinâc,* que significa «arenque enrollado alrededor de un pepinillo».

Danés: *snabel-a,* «trompa de elefante».

Holandés: *apestaartje,* «cola de pequeño mono», aunque a veces también *apeklootje,* una palabrota para designar otra parte de la anatomía del mono.

Hebreo: *shablul,* «caracol», o *shtrudl,* «remolino».

Húngaro: *kukac,* «gusano» o «larva».

Italiano: *chiocciola,* «caracol».

Chino mandarín (Taiwán): *xiao lao shu,* «pequeño ratón», o *lao shu hao,* «marca de ratón».

Ruso: *sobachka,* «perrito».

Tailandés: *ai tua yiukyiu,* «gusano que se contonea».

Nombres de pila

En algún momento de la relación probablemente des el salto a los nombres de pila. La única excepción es si mantienes una relación curiosa con alguien a la manera de los profesores ingleses que se llaman los unos a los otros señor y señorita o señora a lo largo de toda una vida. Una clara señal de que es el momento de pasar a un trato más familiar es que la persona firme su correo electrónico solo con su nombre de pila, o que ponga su nombre de pila al final del mensaje. O bien puedes dar tú el primer paso.

Si te pone nervioso pero también crees que tu destinatario no se sentirá ofendido por el hecho de que uses su nombre de pila, entonces una buena táctica consiste en escribir: «Estimado Pat (con tu permiso)». Por supuesto, pedirle «permiso» tiene algo de hipócrita, puesto que ya te has tomado la libertad de hacerlo, no obstante la frase lleva implícito un elemento de prudencia respetuosa. Si él te contesta usando su nombre de pila, entonces sabrás que la libertad que te tomaste fue bienvenida.

Guarda las distancias

¿Cuántas veces has recibido algo así de alguien a quien no conoces personalmente?

Para: Adolfo Domínguez
De: Tito Nieto

Querido Adolfo:
¿Puedes fijar una cita para hablar de nuestros nuevos tejidos?
Tito

Si en nuestro mundo excesivamente directo (y excesivamente familiar) alguien se toma libertades con tu nombre —digamos que se dirige a ti con un saludo inapropiado en una solicitud de trabajo—, limítate a responder de manera formal, empleando nombres completos y tratamientos honoríficos. Puede que así se dé cuenta de que te ha tomado el número cambiado.

Podrías responderle como sigue:

Para: Tito Nieto
De: Adolfo Domínguez

Estimado señor Nieto,
Gracias pero no estoy interesado.
Adolfo Domínguez

Y si alguien contesta de manera formal a tu intento de acercamiento informal, procura captar la indirecta.

Tal como erais

Una vez hayas dado el salto a los nombres de pila, volver a emplear un tratamiento más formal es un error. Implica que, evidentemente, la relación se ha enfriado. Si lo haces a propósito, querrá decir que ha pasado algo tan grave que consideras que ya no estás en buenos términos con la persona con la que te escribes.

Prescindir de ello

En muchas ocasiones tiene sentido enviar un mensaje sin saludo. Una nota enviada sin saludo siempre se merece una respuesta pareja. Si un remitente no te saluda en un mensaje en el que te pregunta dónde tiene lugar la reunión, es aceptable limitar tu respuesta a la información requerida, sobre todo porque añadir un saludo a esta puede sugerir que estás criticando su omisión.

(Es importante recordar que cada empresa tiene sus propias reglas internas —e informales—. En algunos sitios, el término *Estimado* casi siempre está presente en un mensaje interno; en otros, casi nunca se ve. Y en muchas otras partes sí que usan *Hola* y *Qué hay* y se llaman a gritos por sus nombres de pila: *¡PACO!, ¡JAVIER!, ¡MOHAMED!)*

Los correos electrónicos intercambiados entre colegas suelen entenderse como parte de una conversación activa y no requieren saludos. Esto es así especialmente cuando los colegas son de rango similar. Es menos cierto cuando estás en un nivel intermedio y le escribes a algún alto cargo de la empresa, pero en este caso también depende de la cultura corporativa de cada entidad. (En el instituto de George Soros, por ejemplo, casi todo el mundo se dirige al jefe —incluidos algunos de los empleados más antiguos— como *Estimado Sr. Soros;* en empresas como TIAA-CREF, General Electric y Viacom, la gente suele emplear los nombres de pila para comunicarse a nivel interno.)

Como es evidente, otra ocasión en que estás dispensado de incluir saludos es cuando estás contestándole a un amigo tan íntimo que no cabe la posibilidad de que este se ofenda. Asimismo, es aceptable omitir un saludo en un correo electrónico que forma parte de una cadena de correos. Si escribes *Querida María*, ella contesta *Querido Felipe,* y a continuación quieres seguir respondiendo, puedes ir directo al grano, siempre y cuando envíes el contenido de los mensajes anteriores junto con tu nueva respuesta. Tu primer *Querida* se transmite a todos los mensajes siguientes de la cadena, y lo mismo pasa con los suyos. Si te encontraras con María en la calle, probablemente la saludarías diciéndole: «Hola María». Ella quizá dijera: «Hola Felipe». Si siguiera repitiendo tu nombre, o tú el suyo, entonces la conversación sería, en el mejor de los casos, peculiar, y en el peor, exasperante. Y lo mismo pasa con los mensajes de correo electrónico.

Hemos de confesar que al cabo del día, cuando intentamos contestar a todas las personas que nos han escrito, somos culpables de responder sin un saludo a gente que probablemente merezca uno. Pero también hemos aprendido a reconocer la omisión como lo que es: una manifestación de nuestro cansancio e impaciencia, y una señal de que quizá sería mejor olvidarnos del ordenador por hoy o tomarnos un café y empezar de nuevo.

Despedidas

El correo electrónico tiene tendencia a ser informal, y por regla general, te comunica la identidad del remitente (está ahí mismo, en el campo *De).* Por estas razones, mucha gente —y muchas empresas— no utilizan las palabras de despedida, en particular en las comunicaciones continuas o internas.

Dicho esto, no deberíamos abandonar las despedidas, al menos todavía no. Estas le indican a cada una de las partes algo respecto a la naturaleza de la relación. Ofrecen también una oportunidad de hacerles saber a tus destinatarios cómo deseas que se dirijan a ti. Y pueden evocar la agradable sensación de estar escribiendo (y recibiendo) una carta de verdad.

La despedida se compone de dos partes: la palabra o palabras que preceden a tu nombre, el cierre, y la manera en que presentas dicho nombre: la firma.

El cierre

Atentamente, Cordialmente, Un cordial saludo, Saludos, Le saluda atentamente, Afectuosamente, Con cariño, Un abrazo, Besos, son todas formas tradicionales de cerrar una carta y un correo electrónico. Y en todos los casos, exceptuando por supuesto los tres últimos, pueden usarse en correspondencia formal en el marco de los negocios.

Es una cuestión de estilo personal. *Cordialmente* es el más frío de todos, apropiado cuando estás escribiendo a alguien a quien no conoces bien. *Saludos* y *Un cordial saludo* son, hoy en día, los más empleados en los mensajes; son formas seguras de terminar una nota y sirven para todo tipo de propósitos. Muchas personas prescinden por completo de los cierres, dejando que un nombre de pila (si ese es el tratamiento que han elegido), o un nombre completo, o incluso solo unas iniciales, concluyan el mensaje.

Lo más importante es asegurarte de que no estás siendo formal o informal a destiempo. Si alguien te envía en repetidas ocasiones mensajes que terminan por *Afectuosamente* y tú le contestas una y otra vez con *Cordialmente,* lo más probable es que ambos tengáis una idea diferente de la naturaleza de vuestra relación. Recuerda también que, al igual que con los nombres de pila y los saludos iniciales, una vez has escalado en una relación, si das marcha atrás estás enviando un mensaje. Un destinatario que solía merecer un *Saludos* se preguntará qué ha hecho mal si de repente se ve degradado a un mero *Atentamente.*

Queda el problema de intentar recordar en qué punto estás con cada persona. Hay dos maneras muy sencillas de hacer esto. La primera consiste en elegir un cierre y mantenerte fiel a este una vez hayas llegado a un punto estable de la relación.

La otra estrategia es el espejo. Aunque no sirve de ayuda cuando empiezas un intercambio de la nada, y puede meterte en más líos de los que necesitas. Te puedes encontrar escribiendo *Afectuosamente* cuando solo sientes *Cordialmente*. Lo que complica las cosas es la sensación de que cuando alguien se muestra excesivamente afectuoso contigo, puede parecer grosero no corresponderle.

Esto resulta particularmente peliagudo cuando se cruzan género, amistad y negocios. Algunas personas emplean *Con cariño* de forma rutinaria para concluir casi toda su correspondencia, exceptuando la más formal. Para otras, este término significa exactamente lo que dice. Es como el peliagudo hábito social de saludar a las personas del sexo opuesto con besos, aun encontrándose en un contexto de trabajo. Es difícil distinguir cuándo es bienvenido de cuándo no lo es, y una vez se ha establecido la costumbre, es difícil volver atrás. Nuestro consejo es: ve poco a poco y mantente fiel a una fórmula segura.

Espejito, espejito

Reciprocar o repetir las acciones de tu destinatario es una forma perfecta de salvar los efectos distanciadores del correo electrónico. Ya sea con un saludo o una despedida, necesitas buscar el modo de construir una relación de comunicación con tu destinatario intentando sonar igual que él o ella.

Esto es sentido común, pero también es intrínseco a nuestra biología. Unos científicos han descubierto células en el cerebro a las que han apodado «células espejo». Supongamos que un mono te observa lanzar una pelota. Las células de su cerebro se dispararán de igual manera que si fuera él quien está lanzando la pelota.

Michael Arbib, informático de la Universidad del Sur de California, plantea que estas mismas neuronas desempeñan un papel en el desarrollo del lenguaje, y su teoría tiene sentido. El lenguaje es la representación de la acción —sin acción—. Cuando alguien firma «Afectuosamente», la palabra queda registrada con una rápida mirada, creando una sensación de calidez. En cambio cuando firmas «Afectuosamente» y tu destinatario no está a la recíproca, puede que sientas un escalofrío.

Un experimento llevado a cabo por el psicólogo francés Nicolas Guéguen muestra lo profundamente arraigado que está este impulso en nosotros. Guéguen tuvo la idea de comprobar si un individuo estaba más dispuesto a contestar a un mensaje enviado por una persona que compartía su mismo nombre de pila que al correo de otra que tenía un nombre distinto. Envió a cincuenta universitarios una larga encuesta. La mitad del grupo recibió la encuesta de alguien que, supuestamente, compartía su nombre de pila. (Si te llamabas Carola el correo provenía de Carola; si eras Adriana, el correo provenía de Adriana.) La otra mitad recibió la encuesta de alguien que tenía un nombre distinto al suyo. En todos los casos, el nombre del dominio era el mismo (su universidad.com). ¿Y cuál fue el resultado? El 72 % de los miembros del grupo de los nombres idénticos rellenó el cuestionario mientras que solo el 44 % del otro grupo lo hizo. Tendemos a responder a aquellos con los que tenemos algo en común.

Es importante recordar los beneficios del efecto espejo, pues se aplican a todos los aspectos de nuestra correspondencia electrónica: la elección de las palabras, la extensión del texto, la estructura de las frases y la velocidad de respuesta. La reciprocidad también es esencial en lo relativo al contenido. No conviene contestar a un mensaje electrónico detallado y sustancioso con un montón de bromas banales. Aunque todavía peor es que respondas al contenido básico de un mensaje pero no participes de las bromas, sentando así un tono tremendamente hostil.

Tomemos este ejemplo:

Para: Miguel
De: Clara

¡Hola Miguel! Espero que estés bien. Te escribo para saber cuándo comienza a emitirse el programa de televisión de Nuria. Las cosas por aquí han sido de locos; espero que no estés demasiado agobiado con el trabajo.
Un saludo, Clara

Para: Clara
De: Miguel

Estimada Clara:
El 7 de julio.
Atentamente, Miguel

La reciprocidad tiene un primo: la congruencia. El mensaje de Miguel parecería aún más frío si él tuviera un historial ininterrumpido de largos y cordiales mensajes de correo electrónico con Clara.

Oscar Wilde intercambió, durante una eternidad, cartas afectuosas y divertidas con su querido amigo Robert Ross. Así que cuando Wilde le dijo a Ross: «El tono de tu carta, que acabo de recibir, tan semejante al de una carta de negocios, me inquieta, pues indica que eres presa de emociones terribles y que esta no es más que la calma que oculta la tormenta», no estaba siendo paranoico. Lo más probable es que Ross estuviera molesto con Wilde. Y en lugar de comunicárselo con ira, lo hacía despojándolo de su afecto habitual.

Si eres propenso a una correspondencia locuaz y amistosa, dejarás a tus destinatarios preocupados si de repente tus mensajes se hacen más cortos o toman un semblante más formal.

La firma

Deberías tener en cuenta un par de cosas si decides escribir tu nombre al pie de tus mensajes.

La primera: al igual que en los saludos o las despedidas, la manera en que presentes tu nombre le cuenta a tus receptores cómo te ves a ti mismo en relación con ellos. Rodrigo Rato es muy distinto de Rodrigo o de Rodri.

La segunda: tu firma le dice a la gente cómo te gusta que se dirijan a ti. Para una Concepción, por ejemplo, es una buena ocasión de comunicarles a los demás que le gusta que la llamen Concha, Conchi, Conchita o Concepción. Esta es la razón por la cual las iniciales pueden resultar desquiciantes para un destinatario desconcertado.

El bloque de firma

Si quieres que la gente te encuentre con facilidad, un bloque de firma que no incluya la inútil imagen de tu firma real, sino solamente texto —nombre completo, cargo e información de contacto—, puede resultar muy útil, especialmente si la persona con la que te estás escribiendo te ha proporcionado estos datos. En algunas empresas esto es obligatorio; en otras, no se recomienda, sobre todo entre los representantes del servicio al cliente. (En muchos programas de correo electrónico, puedes crear un bloque de firma metiéndote en *Preferencias* y, a continuación, buscando *Firma.)*

Como norma general, si estás escribiéndole a alguien, quieres algo de esa persona y deseas que se ponga en contacto contigo, lo más inteligente y cortés es incluir todos tus datos de contacto al final del texto de tu mensaje. Si le estás escribiendo a alguien y no quieres que esa persona tenga tu información de contacto, acuérdate de borrar tu bloque de firma antes de darle a *Enviar.*

Los elementos de un bloque de firma

Nombre completo

Cargo

Empresa

Dirección

Número de teléfono

Número de fax

Dirección de correo electrónico

Página web

Logotipo

Introductor de conversación*

Márquetin gratuito**

Detalle especial relevante***

---

* En una editorial de Inglaterra, se animaba a los empleados a nombrar su libro favorito en el bloque de firma. Otras personas agregan citas, letras de canciones, su signo del zodiaco o su equipo de fútbol favorito (¡A por ellos, ohe!), además de los demás datos o en su lugar.

** Hoy día, algunas empresas utilizan este espacio para anunciar sus productos e incluso mostrar fotos de estos. («¡Este verano, prueba nuestro nuevo sabor de yogur!»)

*** Por ejemplo, las personas que viajan mucho pueden restar confusión comunicándoles a sus destinatarios dónde se encuentran exactamente. Así lo hace Tony Wheeler, fundador de las guías de viaje *Lonely Planet*. Al avisar a la gente de que escribe desde un cibercafé en Togo, explica por qué nadie debería esperar una respuesta suya en las próximas cinco horas o por qué no puede asistir a una cena en Buenos Aires.

Descargos de responsabilidad

La última década se caracteriza por el incremento de Pans&Company, de «comidas orgánicas» y de descargos de responsabilidad al final de los mensajes que recibimos de abogados, contables y demás profesionales que manejan información confidencial. Creemos que dichos descargos se han descontrolado y nuestra sugerencia, en particular a los abogados, es que los descargos *concisos* son un reflejo positivo de otras habilidades. Algunas empresas intentan hacer gracia para compensar la naturaleza engorrosa de sus descargos: «Y ahora, amigos, ahí va el rollo legal». Si adoptas este enfoque, asegúrate de que refleja tu cultura corporativa. O lo que es mejor, esfuérzate por recortar el discurso.

CAPÍTULO 3

Cómo escribir
un mensaje (perfecto)

El hecho de que el correo electrónico sea un medio que se puede rastrear y almacenar significa que tienes que redactar tus mensajes con gran cuidado. Y el hecho de que estés escribiendo —construyendo frases, eligiendo palabras, tomando decisiones gramaticales, añadiendo puntuación— a una velocidad antes inimaginable, hace que la situación sea todavía más desconcertante. Como también lo hace la falsa impresión de que, por el mero hecho de ser electrónico, este medio de comunicarse es más efímero que, por ejemplo, una carta.

Asimismo, puesto que en un correo electrónico en ocasiones resulta aceptable ser poco riguroso con respecto a las reglas gramaticales, existe la idea equivocada de que siempre es aceptable ser laxo al respecto. Pero no es el caso. No vamos a ofrecer aquí una guía de estilo y uso de la lengua, pues muchos libros se han encargado ya de hacerlo, y muy bien. Lo que haremos es señalar las implicaciones de correr riesgos con el lenguaje en un mensaje, para luego revisar las trampas estilísticas propias de este medio.

Elegir las palabras adecuadas

En japonés, el rango de la persona a la que te diriges determina las palabras que utilizas. Una frase destinada a alguien de tu misma condición requiere términos distintos de los que emplearías si te dirigieras a alguien situado más arriba o más abajo que tú en la escala social. (Utilizas una forma de hablar con tu jefe, otra con un colega y otra distinta con un niño.) Así pues, aprender japonés implica aprender múltiples maneras de decir una misma cosa. La necesidad de recordar qué tipo de expresiones has de emplear en cada ocasión hace que resulte más difícil para los occidentales dominar el japonés.

Aunque mucha gente no lo vea así, podría argüirse que, en este aspecto, algunas lenguas europeas son más complicadas que el japonés, precisamente porque no ofrecen siempre la posibilidad de tener distintas palabras para identificar la naturaleza de tu relación social con la persona con la que hablas.

Más que nada, el vocabulario transmite un tono y revela si eres el jefe o el subordinado, el comprador o el vendedor, el discípulo o el sabio. Las palabras que eliges pueden ser formales, informales o ni una cosa ni otra; pueden ser literales o metafóricas; pueden ser precisas o ambiguas; modestas, correctas o exageradas; sencillas o complejas; comunes o insólitas; prosaicas o poéticas; contraídas o no.

Está claro que algunas palabras son más seguras que otras, pero si nunca te aventuras más allá de estas, te acabas convirtiendo en uno más de esos remitentes anodinos que desperdician la oportunidad de causar impresión con sus mensajes. Piensa en tu propia bandeja de entrada. Cuando recorres un océano de mensajes, ¿no anhelas que alguno destaque de los demás? Tras abrir un centenar de mensajes en los que la gente te dice que «está deseando conocerte» a fin de compartir sus «calificaciones» contigo, o describirte «los beneficios de sus productos», o presentarte «una oportunidad de negocios», ansías recibir algo de alguien que se haya tomado el tiempo de elegir sus palabras con personalidad en lugar de sacarlas del clásico léxico moderno de los negocios. El truco está en ser gráfico y específico —a lo mejor, incluso atrevido—, sin olvidar cuál es la relación original que mantienes con la persona a la que estás escribiendo.

Incluso al nivel más elemental, esto es lo que deberías hacer: antes de sentarte ante tu teclado, hazte la siguiente pregunta: *¿Cuál es mi relación con la persona a la que estoy escribiendo?* A continuación, asegúrate de que eliges las palabras adecuadas.

Marta Gómez, de doce años de edad, escribe lo siguiente con respecto a los mensajes que intercambia con sus amigas, cuyos nombres han sido cambiados:

La mayoría de los mensajes son bastante cortos, aunque pueden ser realmente largos. En realidad solo he estado intercambiando mensajes con dos amigas, y ambas tienen un estilo propio. Carola escribe correos cortos y bastante escasos, y tratan de cosas como series de televisión o viajes. Los mensajes de Anita, por lo contrario, son bastante largos y muy regulares, y hemos llegado a enviarnos seis muy largos en una misma tanda. Estos trataban de seis temas distintos, aunque los chicos aparecían en todos ellos en un momento u otro. Chicos, libros, chicos, viajes, chicos, deportes, chicos, asuntos familiares y ¿he dicho ya que los chicos son un tema importante? Y siempre terminas el mensaje con tu nombre.

¡Ah!, y hay como un código implícito según el cual tienes que estar de acuerdo en prácticamente todo lo que dice la otra persona y apoyarla por completo. Es de buena educación, y si no lo haces, esa persona podría enfadarse mucho y quizá incluso dejar de escribirte.

A continuación expondremos un intercambio de mensajes entre Marta y Carola, seguido de las anotaciones de Marta, a fin

de mostrar hasta qué punto la elección de las palabras, el estilo
y el tema están intrínsecamente ligados:

¡Hola, Marta!

Mi madre me obliga a hacer ejercicio, como flexiones de pier-
nas y mierdas de esas, y también dieta, xk dice que estoy gorda. ¡¡¡Menuda mierda!!! :(:(:(:(!! En cambio jugar al baloncesto
sí me gusta, aunque no sea muy alta. ¡Y soy bastante buena!
¡K fuerte! Ayer estaba jugando, y de repente se acercó en su
bici un chico MONÍSIMO. No acerté canasta, pero dijo k estuve a punto y k era muy buena. Y luego me echó una sonrisa
superadorable y se marchó. Pero es el primer chico verdaderamente mono k he visto en mucho tiempo. ¡Adónde han ido
todos! :(

Bsos, Carola

Hola, Carola

¡K MALA es tu madre por decirte que estás gorda! ¡No estás
gorda, para NADA! Y cosas como abdominales y esa mierda.
¡Yo me MORIRÍA! ODIO hacer ejercicio, es una putada. ¡¡Pero
k fuerte!! ¡Has visto a un chico monísimo! ¡¡Cómo mola!! El único chico REALMENTE mono k he visto en siglos es Jaime, pero
es tan mono k no me importa. ¡¡Ja ja!! A lo mejor vuelves a ver-
le y puedes pedirle salir o algo. Y no te preocupes :) verás a
más tíos monos muy pronto, te apuesto lo k quieras. M tngo k ir.
Hstprnt ;)

Marta

De nuevo Marta, sobre los mensajes que dirige a sus padres:

Cuando las adolescentes (mis amigas y yo) nos escribimos
entre nosotras, cambia mucho de cuando escribimos a un
adulto. Y hay una gran diferencia tanto en el estilo como en
los temas entre los niños, los adolescentes y los adultos.

¡Hola, papi!

¿Qué tal estás? Yo estoy bien, pero ¡te echo mucho de menos! El tiempo aquí es muy lluvioso y frío y es muy aburrido. Seguro que hace bueno y soleado en Sevilla. Grrr, estoy celosa. Estoy pensando escribir otra historia de las de «Mi sitio», ya sabes, de esas que son todo descripción. ¿Tienes alguna idea de sobre qué puedo escribir? ¡¡Te echo mucho de menos!! ¡¡Te quiero!!

Con cariño,

Marta

¿Veis? Es muy correcto y se limita a cosas fáciles como el tiempo y cómo te sientes. Ah, y nada de sentimientos realmente personales ni de hablar de chicos. Y nada, repito NADA, de palabrotas.

Por desgracia, no todo el mundo es tan consciente de sí mismo como Marta Gómez. Hemos recibido mensajes de gente solicitando trabajo que ha socavado seriamente sus oportunidades porque su lenguaje era demasiado vulgar («Qué coñazo»), demasiado familiar («Tronco») o, simplemente, demasiado extraño.

Además, si las palabras escogidas para impresionar no forman parte del vocabulario habitual de quien las escribe, suelen acabar destacando. Una amiga de Will escribió en una solicitud de entrada a la universidad que le atraía «porque era aconfesional», frase que había sacado del folleto de la universidad. Cuando le preguntaron durante la entrevista subsiguiente por qué era importante para ella ir a una universidad aconfesional, se vio obligada a confesar que no tenía ni idea de lo que significaba esa palabra. No fue admitida.

Los errores no son exclusivos de los aspirantes. David recibió el siguiente mensaje de la oficina de relaciones públicas de una facultad de derecho de la Ivy League un día en que estábamos trabajando en este mismo capítulo. Hemos omitido los nombres para proteger a los culpables:

> Estimado Sr. Shipley:
> Hace algunas semanas le presenté el siguiente artículo de opinión para su página editorial. Teniendo en cuenta que este es un asunto muy actual, se lo vuelvo a presentar para que, en esta ocasión, lo tome en consideración.

Lo dicho, no uses palabras si no sabes lo que significan. Cuanto más complicado sea el término que utilices mal, peor es la impresión que deja. Siempre hay algo cómico en una persona que emplea una gran palabra de forma incorrecta. Algunas palabras actúan como las trampas para moscas para quienes intentan sonar grandilocuentes.

Algunas palabras que casi todo el mundo utiliza mal

Climatología	No significa *clima,* sino «ciencia que estudia los climas».
Adolecer	No significa *carecer,* sino padecer algún defecto.
Severo	Se aplica solo a personas y a castigos.
Asequible	No es sinónimo de *accesible.*
Susceptible	No significa *capaz,* pues solo implica una capacidad pasiva.
Sendos	No significa *ambos,* sino «uno para cada cual».
Virulencia	No es lo mismo que *violencia.*
Cesar	No debe usarse en lugar de *destituir.*

Un mensaje que incluya este tipo de errores se enfrenta a una batalla cuesta arriba, lo cual es una lástima, pues hoy en día casi todos los ordenadores vienen cargados con diccionarios de definiciones y de sinónimos concebidos especialmente para cubrirte las espaldas.

Recuerda también que el vocabulario depende de las situaciones. Mientras que en una empresa las palabras enigmáticas te pueden hacer parecer inteligente y culto, en otra, esas mismas palabras pueden colgarte la etiqueta de presuntuoso. Si eres el jefe, tus palabras pasarán un escrupuloso examen: un lenguaje más erudito puede indicarle a tus empleados que valoras su inteligencia, pero también puede parecer condescendiente y pedante. Cuando envías un mensaje necesitas tener una opinión clara sobre tu relación con la persona con la que te estás comunicando y la cultura corporativa de tu empresa. Si trabajas en Charcuterías Domínguez, por ejemplo, pasarías por ser exageradamente formal si le enviases un mensaje al «equipo de dirección ejecutiva».

Un momento de reflexión —algo muy recomendable cuando se trata de un mensaje de correo electrónico— te permite sustituir una palabra por otra que indica con más claridad lo que quieres, lo que pretendes o lo que esperas. En una entrevista con *Rolling Stone,* el *snowboarder* Sean White explicó su reacción al ganar la medalla de oro en los juegos olímpicos: «No estaba llorando, tronco. Se me saltaron algunas lágrimas». Según el hombre que escribió el artículo, esta era «una distinción tan sutil que podía considerarse inexistente». ¿En serio? A nosotros nos parece que Sean White estaba haciendo una distinción importante: llorar no mola, pero a todo el mundo se le saltan las lágrimas.

Faltas de ortografía

Si una elección cuidadosa de las palabras es el objetivo principal, se puede decir que la elección accidental de las palabras es el máximo riesgo. Hay una gran diferencia entre las faltas de ortografía que denotan dejadez y las faltas de ortografía cuyo resultado es una palabra completamente distinta de la que pretendías escribir. Como la gente depende cada vez más de los programas informáticos que revisan la ortografía, se arriesga cada vez más a escribir documentos en los que una palabra completamente errónea —a pesar de estar correctamente escrita— consigue colarse dentro del texto. Cuando es muy evidente que la palabra está mal *(Ramo* en lugar de *Roma),* entonces lo más probable es que el destinatario adivine que, sencillamente, no has revisado el documento. Pero cuando el error es más sutil, entonces este puede pensar, en el mejor de los casos, que no sabes lo que significa la palabra que has utilizado, y en el peor, que la palabra equivocada es la que tú elegiste en realidad, juzgándote de acuerdo con esta elección. Un ordenador no marcará *afecto* cuando lo que quieres decir es *efecto.*

En una ocasión, Will recibió una nota que no pretendía ser cómica respecto a una película llamada *The Dangerous Lives of Alter Boys* [Las peligrosas vidas de los chicos castrados], solo que *alter boys* (chicos castrados) pretendía ser en realidad *altar boys* (monaguillos). La intención del remitente era que su línea de *Asunto* se refiriese a unos serviciales niños católicos y no a unos *castrati.*

Un amigo recibió una vez un mensaje que decía:

Estoy en Pqr'is intentqndo vender un libro o 3 ¡!,qlditos teclqdos frqnceses; perd'on por lqs errqtqs: Enviqr'e correo electr'onico durqnte el fin de se,qnq: Los clips llegqron hoy y ,uchqs grqciqs:

Este es en realidad un ejemplo simpático de lo que sería, en otras circunstancias, un escrito totalmente desastroso. Se salva porque su significado sigue quedando claro, porque se envió entre amigos y porque las faltas de ortografía son tantas que producen sensación de desenfado. No se trata de no cometer nunca faltas de ortografía, sino de que seas consciente de cómo pueden interpretarse cuando las hagas.

Gramática

La gramática es tan importante a la hora de determinar el tono como la elección de palabras. Las mismas palabras combinadas de forma diferente pueden no significar lo mismo. Pero incluso si significan lo mismo, pueden no transmitir el mismo tono. Los ejemplos mostrados a continuación no son exclusivos de los mensajes de correo electrónico, porque escribir bien nada tiene que ver con el medio en que se escribe.

No siempre está mal usar una mala gramática. Pero incluso una buena gramática conlleva sus riesgos. Una frase sencilla puede ser directa, sin florituras y perfectamente apropiada. Pero también puede resultar infantil o dictatorial. Una frase compleja puede sonar coloquial o elegante; pero también puede sonar retórica o pomposa.

A continuación veremos cómo una gramática sencilla puede emplearse para surtir un gran efecto.

El 15 de febrero de 1963, el presidente John F. Kennedy le escribió el siguiente memorando a Robert McNamara, su secretario de Defensa, tras enterarse de que el nuevo agregado militar en Laos, una antigua colonia francesa, solo tenía conocimientos limitados del francés. El memorando le debe toda su fuerza a una serie de frases sobrias, seguidas unas de otras, que comparten, con excepción de la última, el mismo esquema gramatical.

No veo cómo puede ser eficaz en Laos sin conocimiento de la lengua. Es de suponer que el Ejército dispone de numerosos oficiales que hablen otros idiomas. Me gustaría recibir un informe que explique si se requiere a los agregados que dominen el francés o el español cuando se les envía a países en

los que se hablan esos idiomas. No creo que debamos esperar que un agregado capte el idioma al llegar allí. Le ruego me
dé su opinión al respecto.

El presidente no dice que está irritado, molesto, perplejo, o que
no quiere que algo así vuelva a pasar jamás. No necesita hacerlo,
porque la redacción ya transmite su desaprobación. La estructura es austera; el lenguaje llano; el mensaje claro. La última frase, «Le ruego me dé su opinión al respecto» podría traducirse
por: «Le ruego se asegure de que esto no vuelva a suceder».

Está claro que este tono es apropiado para un subordinado
y no para alguien del mismo rango. Pero incluso los presiden-
tes tienen semejantes. Cuando Kennedy le escribió al primer
ministro soviético Nikita Jruschov con respecto a los viajes es-
paciales, su redacción se tornó expansiva, compleja, casi lírica.

Más allá de estos proyectos específicos, estamos hoy dis-
puestos a hablar de una cooperación más amplia para los
proyectos, aún más ambiciosos, que quedan por emprender
en la exploración del espacio exterior. El cometido constituye
un reto tan grande, los costes son tan elevados, y los riesgos
para los valientes hombres que se lanzan a explorar el espacio son tan graves, que debemos considerar, en conciencia,
cualquier posibilidad de compartir estas tareas y costes y de
minimizar los riesgos.

En ambos casos, Kennedy sabía quién quería ser en relación
con la persona a la que estaba escribiendo: el jefe irritado para
McNamara y el socio visionario para su colega líder mundial
Jruschov.

Pero ¿qué pasa cuando alguien de tu mismo rango se pasa
de la raya? Veamos esta carta de Kennedy a Jruschov durante la
crisis de los misiles de Cuba, cuya estructura y tono emulan
la nota escrita a McNamara:

He tomado buena nota de su declaración de que los aconteci-
mientos de Cuba podrían afectar a la paz en todas partes del
mundo. Confío en que esto no signifique que el gobierno soviético, utilizando la situación en Cuba como un pretexto, esté
planeando incendiar otras regiones del mundo. Es de suponer que su gobierno tiene un sentido de la responsabilidad demasiado grande como para embarcarse en una empresa tan
peligrosa para la paz general... Creo, señor presidente, que
debería usted reconocer que la gente libre de todas las partes
del mundo no acepta la pretensión de que la revolución co-
munista sea una inevitabilidad histórica.

Las cartas de Kennedy ilustran dos pautas infalibles a la hora de
emplear la redacción, que haríamos bien en recordar siempre
que escribamos deprisa y corriendo un mensaje que tenga más
de una frase:

1. La redacción sencilla, corta y repetitiva da énfasis.
2. Las frases complejas, llenas de oraciones subordina-
das, variadas desde el punto de vista rítmico, tienden a suavizar el mensaje.

Por favor, gracias y demás términos insultantes

El sentido común podría decirte que añadir «por favor» o «gracias» en un correo electrónico lo hace siempre más cortés. El
sentido común estaría equivocado.

«¿Por favor, podrías recordar incluirme en tus mensajes siempre que contestes a un cliente?» transmite cierto sentimiento
de exasperación. Lo que dice es: «Ya te he dicho esto antes. ¿Por
qué no puedes recordarlo? ¿Tan complicado es?».

«Por favor» es una expresión resbaladiza. A pesar de que, desde
muy temprana edad, se nos enseña a emplearla siempre que que-

remos algo, es prácticamente imposible usarla por escrito sin parecer odioso. La mejor opción es omitirla sin más. «Recuerda incluirme...» funciona a la perfección. (Curiosamente, parece que la abreviatura «porfa» no transmite este tono helador, aunque es evidente que solo puede utilizarse en una comunicación informal.)

«Gracias» es mucho menos peliagudo, siempre que recuerdes una sencilla regla. Resulta apropiado después de un favor y arrogante cuando se usa antes. «Gracias por asegurarte de que recibiera el informe» funciona muy bien. «Gracias por asegurarte de que reciba el informe» suena borde porque es una orden burdamente envuelta en un manto de gratitud prematura.

Puntuación

Resulta aceptable ser laxo mientras estés comunicándote por correo electrónico y estés en buenos términos con la persona a la que estás escribiendo. Con las PDA y la mensajería instantánea las reglas son todavía más libres.

Conviene que recordemos que la puntuación se originó como una herramienta de lectura. Se desarrolló en una época en que todo el que sabía escribir lo hacía a mano. La puntuación era una línea salvavidas en un mar de escrituras ilegibles y manchas de tinta. Pero el correo electrónico es totalmente legible. Por lo general, puedes entender lo que la gente intenta decirte, incluso si se omiten los puntos y las comas y los párrafos están llenos de guiones.

Aun así, resulta mucho más perjudicial tomarse libertades con la puntuación que hacer caso omiso de las mayúsculas y minúsculas. La puntuación depende en gran medida de tu relación con la persona a la que estás escribiendo. Si se trata de un superior, puntúa correctamente. Si has recibido un mensaje convenientemente puntuado, tu remitente merece el mismo trato. Esto es algo fácil de olvidar. La velocidad, la fluidez y las idas y venidas del correo electrónico permiten que se cuelen en nuestra escritura todo tipo de tics de puntuación. Observad, por ejemplo, el creciente (y desconcertante) uso de los puntos suspensivos. «Nos vemos el verano que viene...» o «Podemos discutir esto durante la reunión...» o «He perdido mi globo...». Somos conscientes de que el correo electrónico suele ser una conversación en curso, pero ¿qué tiene de malo un punto?

Y toma nota de lo siguiente: en el caso de cartas o memorandos, no es apropiado ningún tipo de descuido en la puntuación. Además, recuerda que incluso en un mensaje de correo electrónico, si omites una coma importante, por ejemplo, puedes cambiar radicalmente el sentido de la frase.

Los peligros de una omisión en la puntuación

Un amigo nuestro trabajaba en una oficina en la que se desencadenó una guerra de mensajes por causa de un punto de menos. El correo en cuestión leía como sigue:

No gracias a ti.

Pretendía decir:

No. Gracias a ti.

Párrafos

Que sean cortos.
Si no lo son, la gente no conseguirá leer tus mensajes en una pantalla de ordenador.

Asegúrate de dividir un párrafo cuando cambies de tema.

El punto clave o instrucción nunca debería quedar enterrado en un largo párrafo.

No le tengas miedo a los espacios en blanco.

Mayúsculas

Cuando las palabras están escritas en MAYÚSCULAS significa que el que las escribe ESTÁ GRITÁNDOTE. Como a nadie le gusta que le griten, y la gente habitualmente grita cuando siente que solo puede ganar mediante el uso de la intimidación y no de la razón, es recomendable no redactar nunca un mensaje entero en mayúsculas, aunque sea un mensaje alegre. En primer lugar, son mucho más difíciles de leer porque no estamos acostumbrados a grandes bloques de texto en mayúsculas. Por otra parte, no es buena idea poner en mayúsculas términos peyorativos, por ejemplo, IDIOTA. Estas palabras suenan mucho más duras cuando están en mayúsculas.

(No obstante, puedes gritar una palabra o dos como signo de alegría o celebración. HURRA es una palabra que se presta a estar en mayúsculas. Es de por sí sonora y a nadie le importa escucharla aún más alto. Lo mismo pasa con FELICIDADES o BON APPÉTIT.)

Si realmente quieres ofender a alguien, el uso de las mayúsculas es una manera eficaz de hacerlo. Un estudio realizado entre usuarios del correo electrónico en Estados Unidos y Gran Bretaña concluyó que el uso excesivo de mayúsculas estaba entre las cosas que más irritaban a los receptores de mensajes. (Los que transmiten un tono exageradamente amable también figuraban en la lista de los más molestos, pero solo en el Reino Unido.)

Lo curioso es que escribir solo en minúsculas no indica lo opuesto a gritar —nadie piensa que estés susurrando cuando te abstienes de utilizar letras mayúsculas—. Simplemente denota que eres demasiado vago para darle a la tecla Mayúsculas de tu teclado de cuando en cuando. Al igual que con las erratas y las abreviaturas, la gente suele perdonarte esto con más facilidad cuando estás enviando un mensaje desde un aparato móvil que cuando es evidente que estás en un ordenador de sobremesa. Sin embargo, una comunicación redactada solo en minúsculas lleva cierta familiaridad implícita. Por regla general, resulta aceptable si el mensaje lo escribe un patrón a su empleado —pero no al revés—, o si es entre amigos o colegas, y en particular en respuestas muy cortas. Pero va con cada industria —en muchas empresas es más la regla que la excepción—. Ante la duda, es mejor escribir normalmente, sobre todo si la otra persona te ha escrito solo en minúsculas.

Detesto el bloqueo de mayúsculas

Si alguna vez has escrito un largo mensaje pensando que estabas usando tanto cajas altas como cajas bajas, y de repente has mirado la pantalla para descubrir que el resultado era una parrafada entera escrita en mayúsculas, entonces conoces la trampa de la tecla *Bloq Mayús*. Esta última resulta tan fácil de pulsar que también puede sorprenderte cuando estás intentando teclear una contraseña que sea sensible al tipo de caja utilizado.

Pero aún hay esperanza. Puedes programar tu ordenador para que anule el bloqueo de mayúsculas tras un número de segundos determinado, o bien para que emita una señal sonora cada vez que pulses esa tecla. Nunca puedes deshabilitar la función por completo. Para saber cómo hacer estas cosas, basta con buscar «bloqueo de mayúsculas» en Internet. Encontrarás un gran número de consejos valiosos y ampliamente detallados sobre cómo neutralizar la que parece ser la tecla más detestada del teclado.

Emoticonos

Aunque hace tiempo que salimos del instituto, nos gustan los emoticonos y creemos que existen buenos usos para ellos. Las caras sonrientes, tanto en su forma pictográfica como las creadas a base de signos de puntuación —? y :) —, molestan a mucha gente, pero nos hacen sonreír. (Como también lo hacen, naturalmente, los rayos del sol sobre nuestros hombros.) Los emoticonos constituyen un intento de ponerle una cara humana a una comunicación rápida y despersonalizada. También nos encanta toda la familia de emoticonos, aunque debemos admitir que algunas de sus manifestaciones más barrocas llegan a dejarnos perplejos —por lo que se supone que representan y las ocasiones en que podemos usarlos—. Por ejemplo, ==):-)= es Abraham Lincoln y :OI significa «con la boca llena».

Los emoticonos vienen bien para los siguientes casos:

1. Son estupendos para mensajes de texto, mensajería instantánea y correos electrónicos fugaces porque son como una especie de atajo.

2. Son prácticos si quieres hacerte el simpático, ser irónico o chistoso en una correspondencia electrónica previamente establecida con gente de confianza. Por supuesto, puedes usarlos con quienes ya los hayan usado antes contigo.

Sin embargo, los emoticonos nunca deberían emplearse en estos otros:

1. Cuando estás escribiendo cualquier modalidad de mensaje formal.

2. Cuando estás intentando compensar una pulla, una broma arriesgada o un comentario sarcástico; el hecho de añadir un emoticono no es garantía de que nadie se sentirá ofendido.

¡¡¡¡¡¡¡¡¡Signos de exclamación!!!!!!!!!!

Otro signo de puntuación que, al igual que el emoticono, ha recobrado vida es el signo de exclamación. Las reglas tradicionales solo permiten poner un punto de exclamación cuando la frase es una exclamación de verdad —¡Dios mío! o ¡Por Dios!—. Pocos son los que siguen ateniéndose a esta regla.

Los signos de exclamación pueden infundirle calor humano a un mensaje de forma instantánea. «¡¡¡¡Gracias!!!!» es mucho más amable que «Gracias», y «¡¡¡¡Hurra!!!!!» mucho más festivo que «Hurra». La falta de emoción del correo electrónico le da un carácter desabrido que, en cierto modo, exige que todo esté ligeramente subido de tono para sonar como lo haría normalmente. Si intentas decir «Gracias» o «Felicidades» con el tono de voz más monótono que puedas poner, te darás cuenta de que suena sarcástico. Sin un signo de exclamación, así es cómo suenan estas expresiones en la pantalla.

El signo de exclamación es un método perezoso, pero eficaz, de combatir la elemental falta de tono del correo electrónico. «Te veré en la conferencia» es la mera declaración de un hecho. En cambio «¡Te veré en la conferencia!» le dice a tu compañero que estás emocionado y feliz por el evento, aunque esta señal de entusiasmo puede variar según la cultura empresarial de cada uno. Por supuesto, cuanto mejor elijas tus palabras, menos necesidad tendrás de utilizar este recurso. Pero hasta que no le saquemos más horas al día —y hasta que el correo electrónico no consiga transmitir cierta emoción—, seguiremos espolvoreando alegremente nuestros mensajes con signos de exclamación.

Una nota de advertencia: no emplees estos signos para transmitir una emoción negativa; ¡puede parecer que te esté dando un berrinche! Asimismo, en correspondencia seria, no utilices nunca más de un signo de exclamación a la vez, si es que decides usarlo.

Abreviaturas

Las abreviaturas son como los emoticonos. Tienen una función importante. Tanto FWIW (acrónimo de *For what it's worth* [por si sirve de algo]), como PCM *(Please call me* [llámame, por favor]) o W8 *(wait* [espera]) facilitan la comunicación, y en algunos casos, cuando no son de uso habitual, pueden contribuir a que la gente se sienta unida por una jerga común. El que una abreviatura parezca estúpida o absurda depende de desde dónde lo mires. Después de todo, ¿acaso es la abreviatura LOL *(Laughing Out Loud* [riéndome a carcajadas]), de la que mucha gente se burla, esencialmente menos opaca que FYI *(For your information* [para tu información])?

Por supuesto, cuando una conversación es formal y no estás seguro de que la otra persona conozca el código, escribe las palabras completas.

Un mensaje para recordar

Como todo el que trabaja en el mundo editorial, Will recibe numerosas propuestas de gente que quiere escribir libros. Una de ellas, enviada por correo electrónico por una completa desconocida, destacó de las demás. Si leéis este extracto, entenderéis por qué:

Estimado Sr. Schwalbe:

Soy confiada. Hoy he recibido la llamada. La llamada que toda mujer de bombero teme recibir algún día. Aquella que me ha tenido tan preocupada, rezando, negando que llegaría a recibirla algún día.

Soy paciente. He pasado vacaciones en la estación de bomberos esperando a que papá vuelva de una llamada mientras los niños se ponían de mal humor y la comida se enfriaba.

Estoy nerviosa. Me despierto a las tres de la noche, escuchando crujidos en la casa y no tengo el consuelo de mi marido a mi lado.

Estoy cansada. La casa está llena de niños enfermos y no hay tregua a la vista porque papá está en un turno de 72 horas.

Estoy celosa. Envidio a todas las mujeres cuyos maridos llegan a casa a las 5 de la tarde para cenar y abrazarlas al final del día.

Estoy agradecida. Tengo un marido que volverá a casa al final de su turno. Excepto el día en que no lo hizo, el 18 de noviembre de 2002. Recibí la llamada: «Sra. Farren, su marido ha sido gravemente herido. Está de camino a urgencias, ¿puede ir para allá lo antes posible?»

Tengo dudas. Me pregunto si Dios escucha todas mis plegarias. Dudo de que sea el tipo de esposa y de madre que Él necesita que sea.

Me defiendo. A menudo estoy sola, me siento sorprendida, estoy mal pagada. Pero en una relación que define mi identidad, soy LA MUJER DEL BOMBERO*.

Atentamente,

Susan Farren

---

* De hecho, este acabó siendo el título del libro, que se publicó con gran éxito. (Will siente la necesidad de mencionar que no estudia, pues no puede hacerlo, propuestas espontáneas, por muy bien escritas que estén. Esta se coló por casualidad.)

Lo que toda frase necesita: la verdad

Incluso los mensajes mejor construidos están en clara desventaja si les falta esto: una representación genuina de quién eres y lo que quieres. Teniendo en cuenta que un mensaje de correo

electrónico se escribe desde un punto remoto y puede revisarse
una y otra vez, es tentador no ser del todo honrado, tanto en
cosas importantes como en minucias. Cuanto más intentamos
ser quienes no somos, menos interesantes resultamos para los
demás. La decepción también resulta agotadora. ¿Por qué actuar cuando puedes ser tú mismo?

Puesto así, suena razonable, pero es más difícil aplicarlo a
un mensaje. ¿Quién no se ha sentido tentado de alterar la realidad ante una audiencia nueva? El impulso de falsear quiénes
somos —de adornar una habilidad o exagerar un atributo favorable— puede ser extremadamente apremiante, especialmente cuando se escribe a desconocidos. Resístete. Cuando no
eres honrado contigo mismo te estás tendiendo una trampa,
pues al final podrías acabar perdiendo la cuenta de quién eres
en realidad.

Además, puedes ser descubierto. En un escrito la verdad
siempre trasluce —como también lo hacen la falsedad y el en-
gaño—. Si tuviéramos que elegir un sello distintivo para el
mensaje engañoso, este sería el exceso. Demasiada cortesía, demasiadas palabras grandilocuentes, demasiado de cualquier
cosa significa que alguien se está esforzando demasiado. (De
forma reveladora, investigadores de la Universidad de Cornell
han demostrado que cuando la gente miente en mensajes ins-
tantáneos emplea más palabras que cuando dice la verdad. Es
la red que se enreda.)

Recientemente, James Dilworth, el director ejecutivo de
una pequeña empresa, puso un anuncio en Craiglist instando a
los postulantes a presentarse tal como eran en realidad y no tal
como pensaban que un empresario querría que fueran. He
aquí el punto que reservó para el final:

Gáname siendo abierto y honrado. Respeto el fracaso y bus-
co potencial. Aun así, parece que hoy en día contar sandeces
en los currículos es una práctica muy habitual. Está bien

sentirse orgulloso de las propias hazañas, pero un poco de modestia te hace más humano. Prefiero mil veces reunirme con alguien que admite haber fracasado que con alguien que pretende que siempre ha tenido éxito.

Dirigí con éxito un equipo de diez personas que generó ventas por valor de 200.000 dólares.

Bueno, de acuerdo... pero esta persona me merecería mayor respeto si tuviera el valor de escribir lo siguiente:

En mi último trabajo tenía a diez personas bajo mi mando. Era estresante y por aquel entonces yo no sabía nada de gestión. Dos personas de mi equipo dimitieron durante el primer mes y me resultó difícil motivar a las otras ocho, que eran todas mayores que yo. Aun así, cumplimos nuestros objetivos, pero me despidieron. Para ser honrado reconozco que por aquel entonces estaba desbordado. Desde entonces he asistido a dos seminarios de formación de directivos, y ahora entiendo en qué fallé.

¿Con qué candidato preferirías hablar tú?

CAPÍTULO 4

Los seis tipos básicos de mensaje

No hay *tantísimas* formas de correspondencia. Tras meses de extenuante y concienzuda investigación hemos llegado a la conclusión de que los mensajes —los más elementales— pueden dividirse en seis categorías: solicitud, respuesta, información, agradecimiento, disculpa y conexión. A continuación exponemos algunos trucos que pueden utilizarse en cada uno de estos casos.

La petición: una guía para solicitar algo

El correo electrónico hace que sea más fácil que nunca lanzar peticiones al aire. Con un solo clic del ratón puedes pedirle a cualquiera que haga prácticamente cualquier cosa.

Esto no es tan bueno como parece.

Nuestro mundo se está llenando de solicitudes indiscriminadas e inapropiadas. ¿Cuántas veces te han pedido hoy que hagas algo que nunca deberían haberte pedido que hicieras? ¿Y tú, realmente necesitas todo cuanto pides?

Las peticiones forman parte de los mensajes más peligrosos que existen, lo que justifica que les prestemos una atención extraordinaria. La petición que tú puedes escribir en diez segundos puede tomarle a la persona a la que va destinada un día entero de trabajo. Incluso una pregunta de fácil respuesta representa una interrupción y, en cierto grado, una imposición. Se pueden infligir heridas permanentes en ambos sentidos: si tu petición es inapropiada, puedes perder un aliado; si tu petición es ignorada o queda insatisfecha, la persona a la que se la enviaste habrá quemado un puente contigo.

Existe un dicho en el mundo del periodismo que es particularmente relevante en esta época de recursos limitados: por cada una de las tareas que realizas, por cada reportero que envías a cubrir una noticia, otra tarea queda sin hacerse. Después de todo solo hay un número limitado de reporteros —y un espacio limitado en el periódico—. Esta filosofía debería aplicarse a todas las peticiones. Así que antes de enviar un mensaje en el que pides algo, asegúrate de que es algo que necesitas de verdad y algo que resulta apropiado pedir.

Carol Weston, autora de libros infantiles, recibió este correo electrónico de una joven admiradora, cuyo nombre ha sido alterado para la ocasión:

Estimada Carol Weston:

¡Hola! Soy Alba. Me preguntaba si puede contestarme a unas cuestiones.

1. Tengo que hacer un comentario de texto para el colegio. Es sobre el primer libro de su serie, *El diario de Melanie Martin.*

2. Me he dejado el libro en mi armario del colegio y me preguntaba si podía usted ayudarme. ¿Puede enviarme, por favor, un breve resumen del libro? También quisiera pedirle que me dijera cómo debe ser una buena introducción así como el desarrollo de la trama, el clímax, el desenlace y la resolución. Si pudiera ayudarme, se lo agradecería enormemente.

Por cierto, ¡me encantan sus libros!

Con cariño,

Alba

Pensamos que quizá Alba pedía un poco demasiado.

Dicho esto, a veces resulta difícil saber qué es razonable y qué no lo es; lo que está a tono y lo que está fuera de lugar. ¿Por qué? La gente sobrestima su capacidad de comunicación. Lo que decimos no es necesariamente lo que los demás escuchan en realidad.

Un estudio de la Universidad de Stanford de 1990 demostraba este punto haciendo que la gente marcara con el dedo el ritmo de una canción popular. A quienes marcaban el ritmo, se les pedía que adivinaran lo bien que se les daría a los oyentes identificar la melodía. Estos pensaban que los oyentes acertarían en el 50 % de los casos. Al final, tan solo el 3 % consiguió identificar la canción con exactitud.

Podemos pensar que estamos marcando el ritmo de un tema de Sinatra y la persona que lo escucha puede estar oyendo a Sonic Youth. Y podemos pensar que estamos escribiendo un mensaje encantador y convincente a alguien que ocupa una posición de poder, y este último puede considerarlo impertinente e inapropiado.

Pero si estás seguro de que lo que pides es razonable, y piensas que tu receptor estaría de acuerdo, entonces he aquí algunas cosas que debes tener en cuenta.

Orientación

Pregúntate quién eres con respecto a la persona a la que estás a punto de pedirle algo. ¿Estás pidiéndole un ascenso a tu jefe? ¿Estás pidiéndole a un subordinado que retire su yogur caducado hace siglos de la nevera de la oficina? ¿Estás pidiéndole a un colega que te releve en una tarea que no eres capaz de terminar? No lo olvides, estás *pidiendo* algo: ponle el tono adecuado.

Más que un mensaje de correo electrónico

Considera la posibilidad de emplear estrategias que combinan distintos medios. Puedes presentarte por medio de una carta, en la que anuncies que harás el seguimiento por teléfono, y a continuación, después de tu llamada, utilizar el correo electrónico para contestar a las preguntas que hayan podido surgir durante la conversación telefónica. El correo electrónico también es perfecto para un mensaje del tipo «apúntate esta fecha», pero la verdadera invitación debería llegar por correo postal.

Desde el principio

Intenta poner algo que llame la atención en tu línea de *Asunto*. Asimismo, haz tu petición al principio del correo electrónico. No des por hecho que la gente leerá tu mensaje hasta el final.

Sigue conectado

Si tienes un enchufe —un amigo en común que te ha «recomendado» o «instado» a ponerte en contacto—, el nombre de vuestro colega mutuo debería figurar entre las primeras palabras de tu línea de *Asunto:* «David: Evan me dijo que contactase contigo».

Concéntrate en algo

Pide una sola cosa. O pide muchas cosas que tengan que ver con una sola cosa. Pero no pidas varias cosas distintas. Por ejemplo, puedes hacer una docena de preguntas sobre manzanas, pero no hacer once preguntas sobre manzanas y una sobre granadas. (Ni siquiera una pregunta sobre manzanas y una sobre granadas.) Los mensajes mixtos son difíciles de archivar, difíciles de reenviar y difíciles de contestar.

Sé breve

Muy breve.

Pero no demasiado breve

Sé específico. Las peticiones imprecisas o incompletas constituyen uno de los mayores causantes de tráfico de correo electrónico. Observa lo siguiente:

Para: Óscar
De: Flora

Necesito encontrar a Rosa.

Ahora examina una petición de otra índole. Requirió unos segundos más escribirla, pero no provocó una cascada de preguntas a continuación: «¿Rosa, quién?», «¿Dónde trabaja?», «¿Quién tiene su teléfono?», «¿Se te puede dejar en el contestador?».

Para: Óscar
De: Flora

Necesito llamar a Rosa de la Agencia Efe esta semana. Creo que José tiene su número. ¿Por favor, podrías enviármelo por correo electrónico? Además, me vendría bien saber cómo se escribe su apellido y cuál es su cargo. Gracias.

Procura que destaque

Deja espacios. Cuando estés haciendo preguntas importantes en un mensaje, asegúrate de que no se queden sumergidas dentro del texto. Limítalas a una frase. Resáltalo en un párrafo propio. Procura que haya suficiente espacio a su alrededor. Si estás haciendo varias preguntas, considera la posibilidad de emplear números o asteriscos para distinguirlas.

Empieza poco a poco

Cuando vayas a solicitar algo que requiera un tiempo considerable por parte de otra persona, puede ser útil pedirle antes algo de menor envergadura. En 1966, los psicólogos Jonathan Freedman y Scott Fraser de la Universidad de Stanford les preguntaron a 144 amas de casa si permitirían que un «equipo de encuestadores» invadiera sus hogares durante dos horas para hacer una lista de los productos domésticos que utilizaban. A un primer grupo de mujeres se le rogó que aceptara la visita del equipo de encuestadores tras haberle pedido antes un favor menos oneroso: que contestaran a una breve encuesta sobre jabones. Al otro grupo se le pidió de buenas a primeras que le abriera sus puertas al equipo de encuestadores. ¿Encuesta sobre jabones más petición importante? El 53 % dijo: «¡Pues claro!». ¿Petición importante sin más? Tan solo el 22 % dio su acuerdo.

Nicolas Guéguen, el investigador francés mencionado anteriormente, llegó a la conclusión de que esta técnica de «meter el pie en la puerta» también puede aplicarse al correo electrónico. Guéguen envió por correo electrónico un largo cuestionario sobre dietas a una serie de personas. A algunas de estas les pidió que rellenasen el cuestionario tras haberles enviado una sencilla pregunta sobre ordenadores; a otras, se limitó a rogarles que completaran el cuestionario. Una vez más, la pregunta de aperitivo predispuso a los encuestados. Encuesta sobre dietas precedida de la pregunta sobre ordenadores: 76 %. Encuesta sobre dietas sin pregunta sobre ordenadores: 44 %.

Sé franco

No creas que estás siendo listo por enmascarar tu petición. Resulta descorazonador descubrir que lo que creías que era un intento de acercamiento genuino y amistoso no era, en realidad, más que un pretexto para lanzar una simple petición. Es mejor ser sincero desde el principio que sorprender a alguien con tus verdaderas intenciones.

Cómo cortarle el rollo a la gente en un par de mensajes

Hace relativamente poco tiempo, David recibió este mensaje de alguien cuyo nombre ha sido alterado:

> Hola, David.
> Espero que estés bien. Si no recuerdo mal, tenemos en común el estado de Oregón, así como nuestras respectivas temporadas en [información comprometedora suprimida]. Tengo mi propio negocio [...] y todo me va bien. Uno de mis clientes trabaja cerca de tu oficina [...] así que he pensado que igual podíamos tomarnos un café y ponernos al día durante alguno de mis viajes a Nueva York. Avísame si es posible.
> Un saludo,
> Gabi

Esta fue la respuesta que David envió con gran entusiasmo (pues Gabi le cae muy bien):

> Querido Gabi:
> Me alegro de saber de ti.
> Sería estupendo. Avísame cuando sepas que vienes por aquí.
> Como siempre*,
> David

---

* Traducción literal de la expresión empleada en el texto original «As ever», que aunque no se utiliza de la misma manera en la correspondencia escrita en castellano, consigue transmitir la intención de los autores. (N. de la T.)

Y esto, lo que recibió a continuación:

David:
Que sepas que te llamaré y estoy deseando verte.
Mientras tanto, ¿podrías indicarme cuál es la mejor manera
de que [el cliente de Gabi] se reúna, de manera informal, con
[detalle comprometedor suprimido]? Lo pregunto porque trabajo para [el cliente] en el extranjero, pero no en Estados Unidos. [El cliente] se ha puesto en contacto conmigo esta mañana porque, como bien sabes, hay una gran consternación
debida a [información comprometedora suprimida] [...] Creo
que quiere establecer un diálogo y contestar a cualquier pregunta de frente; intentar abordar sus problemas desde otra
perspectiva.
Muchas gracias.
Gabi

Así que ese era el motivo por el que Gabi le había contacta-
do. Lo cual es perfectamente comprensible, pero ¿por qué no
enviarle su petición en su primer acercamiento? «Hace siglos
que no nos vemos... Espero que estés bien... Tengo una pregunta para ti...»

Colabora

Comunícale a tu destinatario que aceptas encargarte del seguimiento.

Y acércate en un momento que le resulte conveniente, algo
fácil de olvidar cuando estás utilizando el correo electrónico.
En nuestro mundo de 24 horas al día, 7 días a la semana, lo
más probable es que el receptor vea tu correo al poco tiempo de
enviarlo tú.

Algunos libros de negocios te recomiendan que intentes ponerte en contacto a horas extrañas, para estar seguro de acceder directamente con la PERSONA IMPORTANTE que buscas. No lo hagas. Lo más probable es que molestes a dicha persona importante, que sin duda está aprovechando ese valioso momento de tranquilidad al principio o final del día para conseguir hacer algo de trabajo. E incluso si no molestas, puedes pillar a esa persona en su PDA, lo que significa que tu mensaje corre el riesgo de ser abierto y, acto seguido, olvidado. Ante la duda, envía tu mensaje entre las nueve y las cinco, de lunes a viernes. Puedes hacerlo aunque escribas tus mensajes a las tres de la noche, pues muchos programas de correo electrónico tienen la opción de envío diferido. Puedes elegir esta opción para un solo correo o para todos ellos. (En algunos programas actuales, esta opción se encuentra en Opciones, o bien en Mensaje-Cambiar-Cola, pero estas cosas cambian constantemente.)

Recuerda que la gente tiende a leer sus mensajes más recientes primero, aunque tenga otros más antiguos sin abrir. Así que si estás enviándole múltiples mensajes a la misma persona, recuerda que tu destinatario probablemente lea el último en primer lugar. Esto significa que la cortesía de tu primer correo podría no servir de nada si los siguientes son demasiado bruscos.

¿Esto resulta molesto cuán?

R.: La gente lee de arriba abajo.

P.: ¿Por qué?

R.: ¡Los mensajes ordenados de abajo arriba!

P.: ¿Qué es lo más molesto de Internet después del correo basura?

Sé cortés

Hay más de una manera de ser educado, como bien señalan Penelope Brown y Stephen Levinson en *Politeness* [Educación] y conviene saber cómo resulta cada una de estas formas en un correo electrónico. El primer tipo de cortesía pone el énfasis en tu solidaridad con la persona a la que escribes y en tu conexión con esta: «Ambos sabemos...». El segundo tipo hace hincapié en tu papel de suplicante: «Sé lo ocupado que debes estar, pero...». Debido a la falta intrínseca de emoción de los mensajes, un poco de adulación nunca está de más, y a veces es necesario emplear formas extravagantes de cortesía. Pero la extravagancia no funciona para todas las situaciones. Exagerar la magnitud de la petición (tengo un favor *inmenso* que pedirte) resulta cortés; exagerar tu relación (dado que lo nuestro viene de lejos...) es peligroso y contraproducente.

Ser diplomático: cómo enviar una petición por correo electrónico a un cargo electo

Alison Clarkson, legisladora estatal en Vermont, Estados Unidos, recibe cada semana docenas de mensajes de sus electores y a veces miles de gente de todas partes del país que le escribe a petición de distintos grupos de interés. Ella lee todos sus mensajes, pero aun así le preocupa que alguna petición de uno de sus electores se pierda con la marea. Su sugerencia para cualquiera que escriba a su representante local, estatal o nacional, es la siguiente:

1. Dota a tu correo electrónico de características que lo hagan fácil de identificar. Clarkson busca, por ejemplo, mensajes que hagan referencia a ella por su nombre propio o que aborden un problema local real y de actualidad.

2. Mantén la calma. Los mensajes tipo que recibe empiezan habitualmente por la frase «Estoy indignado», y rara vez por la frase «Estoy preocupado».

Haz un seguimiento suave

Sé persistente, pero no pesado. Si no has recibido respuesta a tu petición, puedes volver a enviar tu mensaje original. Si lo haces, admite que esta es la segunda vez que lo envías y discúlpate por ello («Sé lo ocupado que estás...»). No te limites a reenviar el antiguo mensaje sin más o con un comentario de reproche («¿Por qué no has contestado a esto?»).

Ve con pies de plomo

Cuando estás en una situación de poder tienes que andarte con cuidado para no solicitar algo de forma accidental, sin darte cuenta de ello. Muchos hemos estado en situaciones en las que un jefe ha murmurado «Me pregunto cuántos...» o bien «Sería estupendo saber...», y en que ese murmullo se ha convertido en un proyecto de investigación que ha tenido ocupado a un departamento entero durante meses. Incluso cuando un jefe pide algo intencionadamente debe tener en cuenta aquello que haya pedido con anterioridad, pues corre el riesgo de que alguien le dé una prioridad distinta a las cosas de la que él o ella deseen.

Una salida elegante

La persona a la que escribes hoy probablemente sea alguien a quien quieras volver a escribir. Puede que tu primer acercamiento no haya dado fruto. Puede que no cierres el trato. Pero si le das a alguien una salida elegante, significa también que esa persona sigue siendo un contacto potencial. Y quién sabe, tu retirada puede hacer que consigas lo que quieres. Los investigadores han demostrado que proporcionarle a la gente una salida —diciéndoles que no tienen por qué hacer algo— la hace más propensa a acceder a una solicitud.

¿Qué entendemos por salidas elegantes? He aquí dos ejemplos.

En el caso de invitaciones:

Entendería perfectamente que no pudieras asistir. Las vacaciones [o lo que sea] son una época tremendamente atareada.

Para solicitudes de información:

Si no tienes esta información del todo a mano, siéntete libre de no responder a este mensaje y borrarlo sin más.

Y en todo tipo de situaciones:

No es necesario que respondas a este mensaje.

Una petición eficaz

Para que no creáis que hace falta tener un doctorado para saber cómo escribir un correo electrónico que exponga perfectamente sus objetivos, leed el siguiente, escrito por una niña de diez años llamada Emilia y destinado a su madre. ¿Su propósito?: «Sacar mi trasero del campamento y volver a casa». (El campamento dura ocho semanas; Emilia quiere volver a casa a mitad de este periodo, después del día de visita de la familia.) Pero también: «Evitar todo tipo de guerra con mamá». Anotad la manera en que declara exactamente lo que quiere y cómo termina con dos frases cuya intención es obtener una respuesta positiva.

Querida mamá:
Hoy hemos hablado por teléfono. No me ha gustado nada cómo ha ido. Estoy muy enfadada contigo. Quiero volver a casa después del día de visita. Conozco a muchos chicos que vienen al campamento durante cuatro semanas y que estarán de vuelta en casa de aquí al día de visita. Así que no me abu-

rriré en casa. Y aunque nadie volviese, estaría feliz y emocionada de ir contigo a la oficina todos los días. Estoy contenta siempre y cuando esté contigo. Haré un trato contigo: si de verdad, de verdad sigo odiando el campamento de aquí al día de visita, entonces me dejas ir a casa contigo, pero tengo que intentar pasarlo bien. ¿Te parece un trato justo? A mí sí.
Emilia

La respuesta: una guía para contestar

Resulta agradable imaginar un mundo ideal en el que nuestras vidas consistieran en dar una orden tras otra sin que nadie nos pidiera nunca nada a cambio.

Agradable, pero prácticamente imposible.

El correo electrónico no ha hecho más que acelerar el flujo de peticiones, órdenes, ruegos, instrucciones y quejas que requieren nuestra atención. Como a la gente le resulta más fácil que nunca pedirnos cosas, a menudo lo hace de manera caprichosa y frívola. El mero hecho de contestar a sus peticiones puede resultar abrumador. Nuestros días están llenos de mensajes fáciles de contestar, de mensajes más difíciles de contestar —y que requieren más tiempo—, y de otros imposibles de contestar.

Y que nadie se equivoque: la gente espera una respuesta y espera que esta llegue pronto, independientemente de lo complicada que sea su petición. En una encuesta realizada entre oficinistas en el 2006, se les preguntaba si consideraban una grosería el hecho de no recibir una respuesta a un mensaje durante las tres horas siguientes a haberlo enviado. El 50 % afirmó que sí. Y es más, uno de cada veinte esperaba obtener una respuesta en los cinco minutos siguientes a haberlo enviado. Esta es probablemente la razón por la cual cada vez más oficinas están incorporando la mensajería instantánea a su cultura empresarial.

En el tipo de trabajo que tiene David, los mensajes que tienen un sí por respuesta son los más fáciles y se hacen enseguida. Para él no hay nada más sencillo que aceptar un artículo de opinión para su página editorial. Si lee un artículo que le encanta puede enviar un mensaje de vuelta en cuestión de minutos, contestando con entusiasmo y fijando una fecha de publicación.

¿Pero qué pasa cuando las cosas son más complicadas? Su experiencia es que los mensajes que más tiempo llevan son las respuestas a gente que ha presentado un borrador y cuyo texto no acaba de funcionar. ¿Cómo explicárselo al autor y darle sugerencias constructivas para arreglar los problemas? Redactar este tipo de mensaje requiere concentración y, por lo tanto, tiempo; y encima, si tiene una fecha límite, se agrava la situación, porque quien escribió el artículo está sentado en su casa sufriendo, preguntándose qué pasa con el ensayo que tan concienzudamente ha redactado.

Tres reglas incontestables para responder

1. Responde al principio, y no al final, del mensaje original. Es irritante abrir un correo electrónico... y no encontrar nada nuevo hasta haber recorrido sin fin el cuerpo del mensaje.

2. Si estás entrelazando tu respuesta entre los párrafos del mensaje original, asegúrate de que el destinatario puede distinguir tus palabras de las suyas. Utiliza marcas, colores o fuentes distintas, mayúsculas, minúsculas, lo que sea, y asegúrate de que tus marcas no desaparecen durante la transmisión. Ante la duda, haz una ronda de prueba con el remitente.

3. Verifica que la fecha y la hora que aparecen en tu respuesta son correctas. Si el calendario de tu ordenador está mal programado, tus mensajes acabarán en sitios misteriosos en las bandejas de entrada de la gente.

Diles en qué punto estás

Una manera de enfrentarse a situaciones espinosas es siendo, ya sabes, honrado. Dile a la persona cuya petición estés considerando que no la has olvidado, y que le contestarás tan pronto como tengas algo concreto que decirle. Si quieres darle una fecha límite y crees poder cumplirla, hazlo.

Sé expeditivo con las malas noticias

Para la mayoría de la gente lo más duro es decir que no. No nos gusta decir que no —y a la gente no le gusta oírlo—. En este aspecto, el correo electrónico nos anima a seguir nuestros peores instintos. Puede aislarnos de la situación y hacer que sea más fácil posponer la entrega de malas noticias. Esta estrategia suele acabar mal. Cuando es cuestión de un rechazo, una respuesta rápida casi siempre es de agradecer. Cuanto antes zanjes el asunto, mejor para ambas partes. Dejar una puerta abierta tampoco sirve de ayuda. Jack Welch, antiguo director de General Electric, cree que contestar a una petición hecha por correo electrónico con un tajante «No podemos esto, pero buena suerte», es mucho más amable que responder con un «Quizá» que nunca se hará realidad.

Pero no demasiado expeditivo

A pesar de todo, un par de advertencias:

La primera: intenta no enviar una mala noticia un viernes por la tarde. ¿Por qué arruinarle a alguien el fin de semana?

La segunda: ten en cuenta que un «no» realmente rápido puede rebotarte en la cara. Si contestas demasiado deprisa la gente puede desconfiar de tu respuesta. Ha habido ocasiones en que David ha recibido una propuesta, la ha leído, y a continuación ha enviado un rechazo al autor en el lapso de tiempo de, digamos, veinte minutos. Algunas veces ha recibido una respuesta agradecida —«Gracias por comunicármelo tan rápido. Gracias a tu pronta respuesta he podido colocar mi artículo en otro periódico»—. Pero otras veces ha recibido un mensaje lleno de indignación alegando que su respuesta había sido *demasiado* rápida, que era imposible que en el tiempo dedicado hubiera leído, digerido y comprendido del todo las ramificaciones del plan en cuatro partes propuesto por el autor para conseguir la paz en Oriente Próximo.

Mantente a distancia

Otra ocasión en la que conviene evitar una respuesta rápida es cuando no eres el único en contestar y algún otro destinatario ocupa un puesto más alto que tú en la organización o es más competente en la cuestión. Puede que quieras ver lo que tienen que decir los demás antes de saltar al ring. Si lo que vas a decir ya ha sido dicho, entonces modérate. Como dicen en el Capitolio: «Todo está dicho, pero no por todos». Basta con un simple «Estoy de acuerdo». Y, a veces, ni siquiera hace falta.

A veces, por muy elocuente que sea el correo electrónico, es como si no existiera

¿Recuerdas el silencio? (Véase página 57.) Aunque puedas pensar que la falta de respuesta es tan grosera que nunca conviene optar por ella, hay ocasiones en las que es necesaria. Si alguien te envía constantemente comunicaciones ofensivas, a pesar de que le hayas rogado que deje de hacerlo, estás en tu derecho al no responder. Y si alguien te enoja tanto que piensas que no podrás responder sin perder los nervios, entonces es mejor que no contestes.

Otras ocasiones en las que las cosas te importan lo suficiente como para parar

Lo opuesto a una falta de respuesta es un exceso de respuesta: gente que no puede parar de responder. Para algunos, es la necesidad de tener la última palabra. Pero, para otros, es como la profesora de música de *Sonrisas y lágrimas,* aquella que sigue saludando al público tras haber ganado el segundo premio en el Festival de Música de Salzburgo: sencillamente, no pueden evitarlo. Así que esta es la regla: resulta aceptable seguir confirmando y respondiendo mientras quepa la posibilidad de que haya un malentendido. Se puede ir incluso un paso más allá y marcar el final de una cadena de mensajes con un «Hecho» o «De acuerdo». O con un «Genial». Después, tienes que parar.

Cuando llegas realmente tarde

Antes de que te flageles por no haber contestado con rapidez a todos tus mensajes, recuerda lo siguiente: aunque el correo electrónico haya acelerado el modo de funcionar del mundo, nuestras pautas de correspondencia siguen siendo las mismas. El físico Albert-László Barabási llegó a esta conclusión cuando comparó el tiempo que les llevaba a Darwin y a Einstein contestar a sus cartas con el tiempo que les lleva a los usuarios del correo electrónico contestar a sus mensajes.

Descubrió que los famosos remitentes y los usuarios de correo electrónico seguían un mismo patrón de respuesta: el porcentaje de cartas y de mensajes, respectivamente, a los que contestaban con rapidez era idéntico, como también lo era el porcentaje de cartas y de mensajes que tardaban más tiempo en contestar y el porcentaje que quedaba sin respuesta. Pues vaya con la evolución.

Todos nos hemos visto alguna vez en la tesitura de no encontrar el momento, por un motivo u otro, de contestar a alguien. Y todos hemos sentido cómo la respuesta pendiente iba adquiriendo un peso especial: cuanto más tardas en contestar, más difícil te resulta hacerlo, pues tienes que incorporar a tu respuesta una explicación sobre por qué no has podido hacerlo antes. A veces, este peso se hace tan difícil de llevar que hace imposible cualquier respuesta.

Nuestra filosofía es que si tienes el más mínimo interés en mantener una relación, siempre es preferible enviar una respuesta vergonzosamente tardía —e incluso una respuesta inadecuada— que no enviar respuesta alguna. En este aspecto, recuerda que la tecnología está de tu parte. La persona a la que has ignorado sin duda ha estado en tu misma posición en alguna ocasión. Al igual que tú, esta persona probablemente tenga también una bandeja de entrada a rebosar, una en la que resulta fácil perder de vista u olvidar algún que otro mensaje. Mucha gente se siente lo suficientemente desbordada como para ser comprensiva en caso de que tú no contestes en un plazo oportuno. Así que admite tu error. Discúlpate por haber metido la pata. Y limítate a enviar la maldita respuesta.

Cinco maneras de disculparse por un mensaje imperdonablemente tardío

1. Tengo la espantosa sensación de que se me ha olvidado contestar a tu amable mensaje...

2. Me ha entrado el pánico al darme cuenta de que se me ha olvidado contestarte...

3. Mil disculpas por haber tardado tanto en contestarte...

4. Soy una persona horrible y un amigo aún peor...

5. No tengo excusa por la grosería de no contestarte...

Reconciliarse

Por inadvertencia, David irritó a alguien en el trabajo, alguien a quien aprecia y admira. Así que, como aún no está del todo seguro de haber sido perdonado —¡es complicado!—, ahora se da muchísima prisa en contestar cualquier mensaje proveniente de esta persona en un esfuerzo por arreglar las cosas que espera dé sus frutos. Peticiones que habitualmente pasarían a un segundo plano en la lista de prioridades reciben hoy por su parte una respuesta rápida y extremadamente cordial.

Merece la pena contestar cuanto antes y con particular entusiasmo a aquella gente con la que hemos tenido desencuentros o dificultades en el pasado. Es una forma simpática de dejarles saber que vuestro desencuentro anterior es agua pasada. Asimismo, si sientes que alguien está contactándote para confirmar o reforzar su relación contigo, devolverle un correo jovial le hará saber que compartes su visión sobre vuestra relación.

Aliviando la ansiedad

Conviene contestar lo antes posible cuando resulta evidente que tu interlocutor está ansioso. Los mensajes que preguntan: «¿Me comporté como un idiota en la fiesta de la oficina?», requieren una respuesta rápida, aunque no siempre una respuesta sincera.

Condolencias

Si te enteras de una defunción por correo electrónico, es perfectamente aceptable enviarle al remitente tus condolencias por este mismo medio, especialmente si crees que vas a coincidir con él o ella antes de que le llegue una carta por correo. Pero esto no debería impedirte enviar a continuación una carta de condolencias como Dios manda. Es más, tu mensaje debería decir algo así como: «Pronto recibirás una carta, pero quería que supieras enseguida lo mucho que lamento tu pérdida».

Invitaciones

Por algún motivo, las invitaciones por correo electrónico parecen menos importantes que las que recibimos en el correo postal. No obstante, en el ámbito de los negocios, estas se han convertido en la norma y requieren, por lo tanto, una respuesta rápida. Procede igual que lo harías con una invitación que te hubiera llegado por correo o por teléfono.

Asistente para cuando estás fuera de la oficina

Si sabes que no estás en posición de responder —y recuerda que medio mundo espera que lo hagas en unas pocas horas— no dudes en activar tu «Asistente para cuando estás fuera de la oficina». Todos los programas de correo electrónico tienen una versión de este asistente, el cual puede personalizarse para enviar un mensaje automático en respuesta a la gente que te escribe que diga, por ejemplo: «Aunque estoy en la oficina, estoy trabajando en un proyecto y quizá no pueda contestarte antes de la semana que viene». Este mensaje de cortesía sirve, cuando menos, para decirle a la gente que no debería tomarse a mal el tiempo que tardes en comunicarte con ellos.

Poner orden

Cuando empieces a sentirte sobrepasado por la cantidad de mensajes que te quedan por contestar, intenta reordenar tu bandeja de entrada haciendo clic en las distintas lengüetas. Si tu bandeja de entrada está organizada, por ejemplo, por fecha (de elementos recibidos), reordénala haciendo clic en la lengüeta *Remitente,* y puede que te des cuenta de que muchos de los mensajes son de una misma persona y de que podrías solucionar la cuestión mediante un único mensaje o una llamada telefónica. Re-organizar puede tener la ventaja adicional de permitirte ver tu bandeja de entrada de una forma muy diferente: mensajes que te has estado saltando pueden volver a cobrar importancia al ponerlos en un contexto nuevo. Además, resulta práctico reorganizar tu bandeja haciendo clic en la lengüeta *Tamaño* a fin de prestar atención a aquellos mensajes que llevan adjuntos archivos de gran tamaño y han estado acaparando tu memoria.

(Dentro de poco, tu ordenador será capaz de realizar estas tareas por sí solo, ordenando tus distintas bandejas de manera personalizada y cada vez más sofisticada. Crear una tecnología más intuitiva para organizar el correo —así como mejorar los métodos de búsqueda y amalgamar todas las formas de comunicación— representa hoy la gran carrera espacial para las empresas de programas informáticos.)

¿Y qué haces cuando te ves completamente superado por el correo electrónico que recibes? De acuerdo con la revista *Wired,* esta es la estrategia que Lawrence Lessig, jurista especializado en todo tipo de asuntos digitales, emplea en situaciones desesperadas:

1. Compila las direcciones de correo electrónico de todas aquellas personas a las que no hayas contestado. Cópialas en el campo *Cco* de un mensaje nuevo que te enviarás a ti mismo.

2. Escribe una nota respetuosa que explique el aprieto en que te ves. Discúlpate efusivamente —Lessig llega a escribir cinco veces *mea culpa* en igual número de párrafos— y promete que en el futuro te pondrás al día con tus mensajes. Intenta sonar creíble.

3. Solicita que te reenvíen cualquier asunto particularmente urgente y asegura que le prestarás una atención especial a dichos mensajes.

Equilibrio

Un último comentario sobre las respuestas: la mejor manera de transmitir un tono neutral o globalmente positivo consiste en responder de acuerdo con el mensaje recibido. Un mensaje largo y dicharachero resulta conveniente a la hora de contestar a un mensaje largo y dicharachero; una respuesta fragmentada equilibra una respuesta fragmentada.

Cuando la falta de tiempo u otros impedimentos hacen imposible encontrar un equilibrio, conviene reconocer la brevedad de tu respuesta con el fin de evitar una ofensa accidental. (Como apuntamos anteriormente, casi todo el mundo disculpa una respuesta lacónica cuando esta proviene de una PDA.) Frases como «A la carrera» o «Corriendo a una reunión» o «Continuará», le indican al destinatario que le contestarías largo y tendido si pudieras, pero que no puedes.

Resulta especialmente importante ser sensible en este aspecto si sientes que el remitente ha trabajado duro en su mensaje inicial. Sí, claro, siempre puedes contestar a la propuesta de un subordinado con un simple «OK» o «No», pero eso no significa que deberías hacerlo. Aunque el remitente no espere que te equipares a él párrafo a párrafo, quizá aprecie, sin embargo, que se le reconozca el esfuerzo realizado. De hecho, cuando ocupas una posición de autoridad es cuando más analizan los demás tus palabras para buscar pistas que revelen la opinión que tienes de ellos.

Aunque, obviamente, esto depende en gran medida de tu cultura empresarial. Si el jefe es conocido por responder a menudo con respuestas de una o dos palabras, entonces es improbable que quien reciba algo así de su parte se ofenda. Si, en cambio, no es su estilo hacerlo, entonces puede que el receptor sí que se moleste. Nunca está de más insistir en ello: la clave está en ser congruente.

El equilibrio no se aplica solo a la extensión del mensaje, sino también a todo lo relacionado con el tono. Si en alguna ocasión tu respuesta es más fría o más formal que el mensaje original, puede que estés enviando —a propósito o sin querer— un mensaje distanciador.

Piénsalo de la siguiente manera.

Le envías el siguiente mensaje a un colega:

Siempre es un gran placer verte, y disfruté muchísimo de la charla que diste en el seminario. Por cierto, ¿cómo se llama el poeta que citaste?

Tu colega te contesta:

Frost*.

Empiezas a preocuparte. De hecho, te sentirías mucho mejor si su respuesta hubiera sido:

Un placer verte para mí también. Era Robert Frost.

Los hechos: una guía (corta) para informar

Dado que las peticiones y las respuestas acaparan tanto nuestra atención, tenemos tendencia a olvidar uno de los usos más elementales del correo electrónico: sencillamente, transmitir información.

Cuando estamos informando no estamos pidiendo nada. No estamos solicitando ninguna respuesta. Estamos compartiendo información y no existe mejor manera de hacerlo de forma rápida y eficiente que a través del correo electrónico.

Pero la gente suele reaccionar a los mensajes de correo electrónico, así que no esperes que asuman que solo están siendo informados —y que no se les está pidiendo nada— a menos que lo dejes bien claro. Con añadir «Para tu información» basta para aclararlo. Por lo contrario, si esperas que el destinatario actúe procura especificarlo igualmente, aunque la

---

* Aunque se refiere al poeta Robert Frost, en inglés, *frost* significa también «escarcha» o «helada». Los autores juegan con este doble sentido para hacer hincapié en el carácter «helador» de la respuesta. *(N. de la T.)*

acción deseada solo consista en reenviar la información a otras personas.

Esta pequeña sección era solo para tu información. No requiere respuesta.

La gratitud: una guía para dar las gracias

Un agradecimiento es algo bastante elemental. Alguien hace algo bueno por ti y tú se lo reconoces, ¿correcto? Más o menos. He aquí algunos trucos para dar las gracias en un mensaje de correo electrónico.

Mantén las cosas a escala

El agradecimiento debería ser proporcional a la acción original. El correo electrónico es una manera estupenda de dar las gracias a la gente por pequeños detalles. Asimismo puede ser una forma estupenda de empezar a dar las gracias por cosas importantes. Pero en estos casos el correo electrónico no debería ser más que el primer paso. Deja que tu destinatario sepa que hay algo más a continuación. Suzy Welch, escritora especializada en economía y negocios y antigua editora de la revista *Harvard Business Review,* nos comentó que tanto su esposo Jack como ella son de la opinión de que «a veces no es suficiente con dar las gracias en un mensaje» y que conviene «reiterar los elogios durante una conversación». Según dice, no ha visto nunca «a Jack escribir un mensaje de agradecimiento o felicitación sin hacer después un seguimiento telefónico».

Da en el blanco

Asegúrate de que le estás dando las gracias a la persona adecuada y solo a ella. Si le das las gracias a alguien que no ha hecho nada, estás devaluando el agradecimiento. Si olvidas agradecerle a alguien que sí que ha hecho algo, pues la verdad, la has fastidiado. Y si le agradeces de idéntica manera a quien haya tenido un pequeño detalle contigo y a quien haya hecho algo importante por ti, seguro que acabas con la moral de alguno de ellos con solo darle a la tecla.

En una ocasión un amigo nuestro se pasó dos años trabajando en un proyecto difícil. Cuando estuvo terminado, la persona que se beneficiaba de todo este trabajo envió un mensaje de agradecimiento. Una docena de personas estuvieron involucradas en el proyecto —algunas habían trabajado día y noche durante meses; otras solo habían prestado un par de horas de consejo—. No obstante, este tío incluyó a todo el mundo por igual en el campo *Para*. El cuerpo del mensaje decía: «Estimados amigos. Muchísimas gracias por el gran esfuerzo que habéis realizado. No tengo palabras para expresar cuánto os lo agradezco». Y eso era todo. Se trata de uno de esos casos en los que el remitente del mensaje *sí* que le había dicho a cada persona cuánto apreciaba su esfuerzo individual: muy poco.

Mensajes mixtos

Si estás dándole las gracias a alguien no aproveches para pedirle otra cosa. Dar las gracias y pedir no van bien juntos.

Un favor sigue siendo un favor

El correo electrónico convierte los pequeños favores en algo sencillo. Pero el hecho de que sean fáciles de hacer no significa que no merezcan un agradecimiento. Si alguien te reenvía algo, o te presenta a alguien, o te manda la información que has solicitado, asegúrate de dar las gracias convenientemente aunque te parezca que su buena obra solo le ha llevado un par de segundos.

Que pare esta locura

Por otra parte, no te vuelvas loco. Puedes darle las gracias a alguien por darte las gracias, pero la cosa debería parar ahí. Las cadenas de mensajes de agradecimiento tienen tendencia a seguir. Y seguir.

— Muchas gracias por tu ayuda con el proyecto, Carlos. Todo ha salido estupendamente.
— Gracias por tu amable correo, Daniel. Me alegro de que estés satisfecho con el resultado final.
— Bueno, en gran medida, es gracias a tu esfuerzo, Carlos.
— El placer es mío, Daniel.
— Aun así, Carlos, que sepas lo mucho que lo aprecio.
— Esperando volver a trabajar contigo.
— ¡Seguro!
— ¡Genial!
— ¡Qué bien!
— ¡Desde luego!

La postración: una guía para pedir disculpas

Todas las reglas que se aplican a los agradecimientos sirven también para las disculpas. Aunque con una gran diferencia. Puede que consigas salir airoso con un agradecimiento poco sincero. Pero no así con una disculpa poco sincera. Las personas que se han visto ofendidas tienen un nivel de tolerancia a las sandeces muy bajo. Ya sean disculpas falsas o disculpas evasivas, ninguna de ellas cuela. En este contexto, puede que haya ocasiones en las que incluso sea mejor que evites el correo electrónico. Pedir disculpas de verdad requiere decir la verdad, ser sincero, y siempre que sea posible, postrarse en persona ante el otro. A veces, ninguna otra cosa es suficiente.

Si te encuentras en la tesitura de pedir disculpas por algo serio por medio de un mensaje de correo electrónico (o en una carta o una llamada), llegarás mucho más lejos si utilizas la voz activa («He cometido un error» es mucho más eficaz que «Se han cometido errores») y asumes la responsabilidad («Lamento mucho haberte herido» es mucho más fuerte que «Lamento que te sientas herido»). Asimismo, es preferible que huyas de las salvedades. Ten cuidado con la palabra «pero», que a menudo introduce un argumento exculpatorio. Y conviene *proponer* siempre un plan de acción para intentar enmendar el daño que has hecho. En definitiva, sé breve. No se trata de ti. («Me siento tan mal que no he podido dormir; que no he podido concentrarme; que no he podido disfrutar lo más mínimo de la vida...»). Se trata de los demás.

Cuatro ideas acerca de pedir disculpas por correo electrónico

Decir que lo sientes en un mensaje es distinto que decirlo a través de otros medios. Antes de disculparte mediante ese procedimiento ten en cuenta lo siguiente:

1. *¿Estás seguro de que el correo electrónico es el mejor medio para pedir disculpas o te estás limitando a esconderte tras una pantalla de ordenador?* Esta es la prueba: si ni siquiera estás seguro de haber hecho algo mal y piensas que tu mensaje de disculpas merece un sincero e inmediato «Olvídalo» o «No seas tonto» o «No ha habido mal» o «Ni siquiera me había dado cuenta», entonces un mensaje por correo electrónico probablemente sirva. Sin embargo, si sabes que la infracción ha sido más seria puede que quieras disculparte a través de otro medio. ¿Por qué? Porque resulta tan fácil enviar un mensaje para excusarse que mucha gente no se toma este tipo de

disculpas en serio. (Cuando no recibes una respuesta a tu mensaje de disculpas, generalmente significa que se ha quedado corto).

2. *La velocidad y la comodidad del correo electrónico lo convierten en un medio fantástico para iniciar una disculpa.* El remordimiento es un plato que es mejor servir caliente. Recuerda, sin embargo, transmitirle a la persona a la que le pides disculpas que le pedirás perdón de otras maneras.

3. *Incluye la palabra «Perdón» o «Disculpas» en la línea de* Asunto. De lo contrario, puede que la parte agraviada nunca llegue a abrir tu correo electrónico.

4. *Esta es una de esas ocasiones en las que no es recomendable poner a nadie en copia sin permiso.* Puede que la parte ofendida quiera que todos sepan que te has disculpado —o puede que prefiera guardarlo para sí—. A veces una disculpa, cuando se pide públicamente, puede agravar un insulto. Empieza concentrándote en la persona afectada y, a continuación, pide permiso para ampliar la disculpa. «Te ruego disculpes mi comentario inapropiado durante la reunión y, por favor, comunícame si deseas que me disculpe ante todos los que estaban presentes». Es más, escribe tu disculpa dando por hecho que esta pueda ser reenviada sin tu permiso.

El correo electrónico ¡Uy!

Como ya hemos dicho, el correo electrónico nos hace a todos más susceptibles de cometer deslices y, a muchos, más impetuosos. De hecho la creciente cantidad de mensajes que manejamos aumenta enormemente las probabilidades de error. No es de sorprender, pues, que en esta era del correo electrónico haya aparecido una nueva categoría de disculpa: aquella que tienes que presentar cuando *tú* eres el cabeza de chorlito que ha difundido un ridículo mensaje desaforado o que le ha enviado accidentalmente un mensaje a la persona a la que estabas poniendo a caldo por la espalda. En situaciones de este tipo, nuestro primer instinto es pedir perdón a través del mismo medio que nos metió en el lío inicialmente. Resístete a ese instinto.

Las tres normas principales que hay que seguir siempre que intentas pedir perdón por medio del correo electrónico

1. *El correo electrónico te metió en un lío, pero probablemente no te saque de él.* Admite tu culpabilidad de inmediato, preferiblemente en persona o por teléfono. Cuanto más grave sea el pecado cometido, más trivial resulta intentar enmendarlo por medio de un correo electrónico.

2. *No le eches la culpa al correo electrónico.* Puede que la función de autorrelleno le haya enviado tu mensaje a la persona equivocada, pero no olvides que *tú* eres quien lo escribió.

3. *Reza por que la persona ofendida haya cometido un error parecido y esté, por lo tanto, dispuesta a disculparte.*

El adhesivo social: una guía para conectar

No vamos por ahí, sin más, dándonos órdenes los unos a los otros, o contestando preguntas, o pidiendo disculpas, ni siquiera dando las gracias. Antes decimos «Hola», nos informamos de la salud de nuestro interlocutor. Es importante hacer lo mismo en un mensaje de correo electrónico. Los más eficaces consiguen ser claros y concisos, pero también amables. No se trata de dar la barrila; se trata de recordar ser agradable, especialmente si lo que estás a punto de decir puede resultar, de un modo u otro, polémico o desconcertante. En este último caso, lo mejor es escribir algo amable al principio y al final del mensaje.

Dicho esto, algunos mensajes existen únicamente para fortalecer o confirmar una relación. Estamos hablando de los correos aparentemente superfluos, cuyo único contenido es un «¿Qué tal estás?», una recomendación para una película o un simpático mensaje sobre algo que sale de no se sabe dónde. Puede que estos sean los más esenciales de todos.

CAPÍTULO 5

El mensaje emocional

¿Hemos dicho ya que el correo electrónico nos vuelve impulsivos? ¿Hemos comentado que, en algunas ocasiones, nos incita a descarrilar y a escribir cosas extrañas y peligrosas que nuestros sensores no dejarían pasar en circunstancias normales? ¿Acaso nos inspira a poner por escrito nuestras emociones más inconfesables, permitiendo que estas escapen al mundo exterior, donde en ocasiones pueden llegar a hacernos un gran perjuicio? ¿O es que el correo electrónico derriba las barreras físicas y temporales que previenen que esto suceda en otras circunstancias? ¿Hemos hablado ya de esto?

Sí, lo hemos hecho. Y si no lo recuerdas, entonces es que no estabas prestando atención a lo que leías, ¿no es así?

Oh, perdón. ¿Ha sonado demasiado hostil?

Si nos hubieras oído decir esto en voz alta habrías entendido que estábamos bromeando. (En serio.) Pero ha habido veces en que no lo estábamos.

Las emociones fuertes son bestias difíciles de controlar cuando se dejan sueltas en una página o una pantalla, y parece que, por culpa del correo electrónico, últimamente las estamos dejando salir muy a menudo.

Lo que viene a continuación es una guía de campo para ayudarte a avistar —y a domar— a las tres bestias más peligrosas que andan sueltas por la meseta electrónica: la ira, el sarcasmo y la hipocresía.

La ira

La mayoría de nosotros ha escrito en alguna ocasión mensajes (abrasadoramente largos o fulminantemente cortos) que no teníamos intención alguna de enviar. El peligro de hacer esto radica, claro está, en la posibilidad de que, al terminar de escribirlo, le demos a *Enviar* en lugar de a *Eliminar*. La cuestión es que, con el correo electrónico, las oportunidades de intervenir del superego, el sentido común, la autocorrección y una mente despejada son muy escasas. Por eso conviene abstenerse de escribir mensajes enfurecidos con un fin puramente terapéutico; pero si sientes la necesidad de hacerlo, redacta primero un documento en tu procesador de texto que pueda copiarse, adjuntarse a un mensaje o imprimirse y enviar por correo postal... si es que decides, más adelante, que realmente quieres enviarlo.

La expresión del enfado tiende a desajustar la estructura social. Así que antes de explotar, asegúrate de que merece la pena. ¿Quieres crear un malestar? Al expresar tu ira, estás diciéndole a tu sujeto que está en la obligación de escucharte. Dejáis de ser iguales. Tú eres el agraviado y él, el inculpado. Tú sabes lo que haces y él necesita aprender una lección. Todo lo que digas a partir de ese momento lo dices desde una posición de superioridad moral. Hay un momento y un lugar para esto, pero antes de enviar un mensaje de este tipo tienes que ser consciente del efecto que puede surtir. Como también debes ser consciente de que tu arrebato puede llegar a ser reenviado a una comunidad mucho más amplia —una buena razón para estar bien seguro de que quieres que tu enfado se haga público—.

En el intercambio expuesto a continuación, un abogado se enfureció tanto por el tono de una serie de mensajes que le había enviado una abogada más joven y menos experimentada que él, que decidió compartir la transcripción con el mundo entero. Y el mensaje que acabó de rematarlo ¡se componía de tan solo tres palabras!

De: Diana Albacete
Para: Guillermo Cortés
Fecha: Viernes, 3 de febrero del 2006, 18:23
Asunto: Gracias

Estimado Sr. Cortés:
Le escribo a esta hora para informarle de que no voy a aceptar su oferta. Tras pensarlo detenidamente he llegado a la conclusión de que, teniendo en cuenta el trabajo que tendría que hacer para usted, el salario que me ofrece no basta para compensarme ni para permitirme mantener mi nivel de vida actual. He decidido, por tanto, trabajar por cuenta propia en lugar de para usted, y cosechar el cien por cien de los beneficios que haya sembrado. Gracias por las entrevistas.
Diana Albacete, abogada

De: Guillermo Cortés
Para: Diana Albacete
Fecha: Lunes, 6 de febrero del 2006, 12:15
Asunto: Re: Gracias

Diana:
Dado que pasaste dos entrevistas, que se te ofreció un trabajo y que lo aceptaste (en efecto, tenías una fecha definitiva para empezar), me sorprende que optaras por enviar un mensaje por correo electrónico y dejar otro en mi contestador a las 21.30 para transmitirme esta información. Denota inmadurez y es poco profesional. En efecto, confié en tu aceptación para

encargar papel de carta y tarjetas personalizadas con tu nombre, para reformatear un ordenador y asignarte una dirección de correo electrónico para uso externo e interno, aquí en la oficina. Aunque no discuto tu razonamiento, estoy tremendamente decepcionado por la forma en que ha acabado todo. Te deseo lo mejor en tus futuras empresas.

Guillermo Cortés

De: Diana Albacete
Para: Guillermo Cortés
Fecha: Lunes, 6 de febrero del 2006, 16:01
Asunto: Re: Gracias

Un abogado de verdad habría formalizado un contrato por escrito y no habría actuado sobre meras impresiones hasta haberlo hecho.

Una vez más, gracias.

De: Guillermo Cortés
Para: Diana Albacete
Fecha: Lunes, 6 de febrero del 2006, 16:18
Asunto: Re: Gracias

Gracias por esta refrescante lección sobre contratos. Esto no es una pregunta para el examen de abogacía. Deberías ser consciente de que esta es una comunidad legal muy reducida, en especial la de los criminalistas. ¿De verdad quieres empezar a cabrear a abogados con más experiencia que tú en esta fase tan temprana de tu carrera profesional?

De: Diana Albacete
Para: Guillermo Cortés
Fecha: Lunes, 6 de febrero del 2006, 16:29
Asunto: Re: Gracias

bla bla bla

¿La ciencia de las guerras de *flames**?

¿Por qué degeneran tan rápido los intercambios de mensajes hostiles? El psicólogo de Harvard Dan Gilbert, autor de *Stumbling on Happiness* [Tropezando con la felicidad], escribió lo siguiente con respecto a los conflictos que degeneran en todas partes del mundo, y creemos que es relevante:

> En un estudio llevado a cabo por Sukhwinder Shergill y otros colegas suyos de la University College de Londres, se juntó a parejas de voluntarios y se les enganchó a un aparato que permitía a cada uno de ellos ejercer presión sobre los dedos del otro voluntario.
>
> El investigador comenzó el juego ejerciendo una presión determinada sobre el dedo del primer voluntario. A continuación, este debía ejercer exactamente la misma presión sobre el dedo del segundo voluntario. Se le pedía entonces al segundo voluntario que ejerciera a su vez la misma presión sobre el dedo del primer voluntario, y así sucesivamente. Ambos voluntarios se turnaban para aplicar una presión idéntica sobre el dedo del otro mientras los investigadores medían la presión real que estaban ejerciendo.
>
> Los resultados fueron sorprendentes. Aunque los voluntarios intentaban responder al toque del otro con una fuerza equivalente, su respuesta típica era en realidad un 40 % más fuerte que aquella que acababan de experimentar. Cada vez que un voluntario recibía un toque, contestaba con otro más

---

* Un *flame* es un mensaje deliberadamente hostil o insultante, enviado sin propósito constructivo alguno con el objetivo de provocar una respuesta en el contexto social de foros y chats de Internet o listas de correo electrónico. Una guerra de *flames* consiste en una serie consecutiva de mensajes de este tipo escritos por varios usuarios que se responden los unos a los otros. (*N. de la T.*)

fuerte, lo cual llevaba al otro voluntario a responder con mayor fuerza todavía. Lo que comenzó siendo un juego de toques suaves enseguida se convirtió en un intercambio de tientos moderados y pronto en uno de golpes violentos, a pesar de que ambos voluntarios ponían todo su empeño en responder de manera análoga.

Cada voluntario estaba convencido de que estaba respondiendo con la misma fuerza, y que por algún motivo, el otro voluntario estaba escalando. Ninguno de los dos se daba cuenta de que la escalada era la consecuencia natural de una peculiaridad neurológica que provoca que el dolor que sufrimos nos parezca siempre más intenso que el dolor que producimos, por lo que solemos infligir más dolor del que recibimos.

En este caso, nuestro consejo no es complicado. Cuando se trata de mensajes coléricos, hazte la siguiente pregunta antes de darle a *Enviar*: ¿Entregarías este mismo mensaje, con estas mismas palabras, si estuvieras lo suficientemente cerca como para recibir un puñetazo de tu interlocutor?

Por ejemplo, ¿creéis que esta interacción entre dos genios de las finanzas habría tenido lugar si hubieran estado cenando juntos, sentados frente a frente en una misma mesa?

Echadle un vistazo. Empieza de la manera más inocente posible.

De: Alan Lewis
Para: Daniel Loeb
Fecha: 22 de marzo

Daniel, gracias por llamarme antes. Adjunto encontrarás mi currículum para tu consideración. Estoy deseando continuar nuestra conversación cuando tengas algo más de tiempo.
Saludos cordiales, Alan.

De: Daniel Loeb
Para: Alan Lewis
Fecha: 28 de marzo

¿Cuáles son tus tres mejores ideas para Europa en este momento?

De: Alan Lewis
Para: Daniel Loeb
Fecha: 28 de marzo

Daniel, lo siento pero no me interesa avanzar en esta dirección. Si deseas tener una discusión como Dios manda respecto a lo que esperas acometer en Europa, y ver de qué forma puedo encajar en el proyecto, perfecto. Lección número uno para comerciar en Europa: los negocios no se llevan a cabo con la misma informalidad que en Estados Unidos.
Saludos cordiales, Alan.

Ejem. ¿Un golpe bajo? ¿Provocará una respuesta? ¿O volverá la parte ofendida a su bollo y su café?

De: Daniel Loeb
Para: Alan Lewis
Fecha: 28 de marzo

Con una idea habría bastado.
Somos un fondo de inversión que le da mucha importancia a la agresividad y a los resultados y buscamos individuos competitivos, sedientos de sangre, que demuestren tener iniciativa y empuje, capaces de realizar inversiones excepcionales... A nuestro parecer, los británicos son un poco comodones y prefieren tomarse sus pintas en el pub e ir de caza los fines de semana a trabajar duro. El estilo de vida que elijas es importante, como también lo es conocer tus limitaciones a la hora

de funcionar en un entorno competitivo. Esa es la lección número uno en mi negocio. Me alegro de que hayamos sabido de esta incompatibilidad tan pronto y te deseo lo mejor en tu carrera en la gestión tradicional de fondos.

De: Alan Lewis
Para: Daniel Loeb
Fecha: 28 de marzo

Daniel, parece que se confirma tu reputación... No he conseguido el éxito que tengo tomando pintas en el pub, como tú dices. Soy agresivo y me encanta este negocio. Soy medio americano y medio francés, y tras haber pasado más de la mitad de mi vida a este lado del charco, creo que sé algo sobre cómo se hacen negocios en el Reino Unido y en Europa.

Hay muchas oportunidades en el Reino Unido y en Europa; la opinión del accionista está empezando a ser aceptada y a entenderse desde hace muy poco. Sin embargo, si venís aquí y actuáis con el mismo descaro con que lo hacéis en Estados Unidos, os garantizo que fracasaréis. Aquí las cosas se hacen de otra manera. Pues sí, aquí todavía importa qué sitio ocupes en la sociedad, dónde hayas estudiado, etcétera. Se requiere tacto y paciencia (atributos de los que evidentemente tú careces) para triunfar en esta plaza. ¡Buena suerte! Alan.

De: Daniel Loeb
Para: Alan Lewis
Fecha: 28 de marzo

Bueno, seguro que tienes tiempo de sobra para discutir de tu «sitio en la sociedad» con tus camaradas en el club. Me encanta la idea de un tipo desempleado anglofrancés que me dice que voy a fracasar. En [mi empresa], «el sitio de cada uno en la sociedad» no tiene la menor importancia. Somos un montón de tipos desaliñados, de diversos orígenes (judíos, musulmanes, hindúes, etcétera) que disfrutan burlándose de cretinos pedantes como tú en los mercados financieros del mundo entero.

Tu «inexplicable despreocupación» y tu falta de respeto son fascinantes; debe de ser algo propio de los aristócratas anglofranceses. Seguiré tu «carrera» con gran interés.

Le he enviado copia a Patrick con objeto de que pueda presentarte a gente que encaje mejor contigo. Seguro que ahí fuera existe alguna compañía de seguros o algún fondo de inversión mobiliaria para ti.

Dan Loeb.

Así es como acaba. Es difícil saber cuál de los dos se llevará el primer premio.

De: Alan Lewis
Para: Daniel Loeb
Fecha: 28 de marzo

Arrogancia.

De: Daniel Loeb
Para: Alan Lewis
Fecha: 28 de marzo

Pereza.

Todo esto no quita que haya ocasiones en las que uno debería pasar de tener cuidado. El escritor y activista Larry Kramer envía a menudo largos, intensos y apasionados mensajes —y manda copia a mucha, mucha gente—. Su amigo, el escritor Calvin Trillin, que ha recibido muchos, muchos mensajes de Kramer, tiene un nombre para estos: «mensajes vómito». Este calificativo pretende ser un cumplido; ambos escritores piensan que hay un espacio para este tipo de correspondencia. Lo cierto es que Kramer previno a los destinatarios de un mensaje que envió recientemente de que este entraba en la categoría establecida por Trillin. En su introducción, Kramer reconocía que no esperaba que se resolviera aquello que tanto lo enojaba y que tampoco esperaba que todos los que recibieran su mensaje lo leyeran, pero que el mero hecho de enviarlo lo hacía sentirse mejor.

Hay ocasiones en las que sabes que tu mensaje va a disgustar a alguien o quemar algún puente y aun así, tras pensarlo detenidamente, decides enviarlo. Puede que lo hagas porque sientes que la situación lo justifica o puede que solo lo hagas porque sí.

Seis maneras en que las mujeres y los hombres tienden a utilizar el correo electrónico según Deborah Tannen

La ira siempre es complicada, bajo cualquier circunstancia; y el género puede complicarla todavía más. Como nos explica la lingüista Deborah Tannen (¡y no lo hace por correo electrónico!), los hombres suelen tener estilos de conversación muy distintos de los de las mujeres, y dado que la «combinación de velocidad y anonimato» del correo electrónico fomenta una mayor agresividad, eso da lugar a que se produzcan más malentendidos que con otras formas de comunicación.

1. Guerra de *flames*. Citando el estudio de Susan Herring, Tannen explica que muchos hombres emplean un lenguaje agresivo porque lo encuentran divertido. Dado que las mujeres no utilizan la agresividad de esta manera, suelen interpretar estos mensajes al pie de la letra y, por lo tanto, sentir rechazo o incluso considerarse literalmente agredidas.

2. Directo al grano. Más mujeres que hombres quieren tener la impresión de que existe una relación personal antes de entrar en materia: esperan al menos un par de comentarios de cortesía al principio del mensaje.

3. Hablar de los problemas. En una conversación cara a cara con un semejante, cuando las mujeres se quejan tienden a buscar empatía y no consejo. Los hombres, sin embargo, cuando escuchan una queja no tienen un interés particular en identificarse con el otro; lo que quieren es solucionar el problema. Esto también es cierto en un correo electrónico.

4. Chistes. Los hombres son más propensos a enviarlos.

5. Tomaduras de pelo. A los hombres suele parecerles gracioso; las mujeres son más propensas a tomárselo a mal.

6. Disculpas. Los hombres son mucho más proclives que las mujeres a considerar que un mensaje es disculpa suficiente.

El sarcasmo

Puede que el sarcasmo sea una forma menos directa de ira, pero sigue siendo ira. La raíz griega del término *sarcasmo* significa «arrancar la carne», generalmente con los dientes. Cuando un animal salvaje te muerde en el muslo está siendo literalmente sarcástico. La decisión de usar el sarcasmo, de entre todos los tonos que se pueden emplear en la correspondencia, debería ponderarse con detenimiento y, casi siempre, descartarse.

Hacemos hincapié en este punto porque el sarcasmo es, evidentemente, una herramienta de comunicación muy popular, especialmente en los mensajes de correo electrónico, en los que la gente se siente más desinhibida y protegida de los encuentros cara a cara. (Resulta fácil echarle la culpa de este manifiesto incremento del sarcasmo a la cábala de David Letterman, Jon Stewart y el programa *Saturday Night Live,* a la edad de la ironía y a la blogesfera, pero en serio, ¿acaso no ha estado el sarcasmo entre nosotros desde el principio de los tiempos? Después de todo, los antiguos griegos ya tenían una palabra para ello.)

El *primer* problema que surge con el sarcasmo cuando se emplea en los mensajes no es el más evidente: es el hecho de que, tras un momento dado, el receptor de mensajes sarcásticos acaba perdiendo la perspectiva por completo y tomándose las cosas al pie de la letra. «Muchas gracias por incluirme en la reunión» es un mensaje sarcástico si sientes que has sido excluido a propósito. Si la persona que recibe tu mensaje no recuerda si te invitó o no, puede acabar pensando que lo hizo y que a ti no te importaba lo suficiente como para presentarte. «Gran idea», «Bien hecho», «Justo a tiempo», todas estas expresiones pueden ser sarcásticas. O no.

Incluso en una conversación no siempre es fácil detectar el sarcasmo. ¿Cuántas veces nos hemos quedado boquiabiertos, preguntándonos si las palabras que acababan de salir de la boca de nuestro colega eran sarcásticas o no? Las afirmaciones sarcásticas recurren a referencias sociales gracias a las cuales el interlocutor consigue inferir un significado que a menudo contradice el contenido de la frase. Así pues, para comprender el sarcasmo se requiere la habilidad de percibir los signos no verbales de emoción que nos envían los demás.

Y, sin embargo, la gente rara vez sospecha que su propio sarcasmo no está siendo comprendido. En un estudio llevado a cabo por Jason Kruger y colegas de la Universidad de Illinois, se pidió a unos estudiantes universitarios de Cornell que escribieran respecto a ciertos tópicos cotidianos para ellos (deportes, comidas, etcétera), con sarcasmo o sin él. Asimismo, se les pidió que especificaran con qué frecuencia creían que sus colegas universitarios interpretarían el tono de su texto correctamente —¿pillarían el sarcasmo?—. Los participantes estimaron que serían comprendidos el 97 % de las veces. Estaban pasándose de optimistas. Los mensajes solo se leyeron correctamente en el 84 % de las ocasiones. En otras palabras, los estudiantes sobrestimaron su éxito en un 13 %.

El sarcasmo que se tuerce

He aquí cómo una declaración sincera puede leerse como una afirmación sarcástica:

Un amigo nuestro le envió un mensaje por correo electrónico a la directora de su oficina para decirle que su PDA había muerto.

Ella le contestó: «¡Ay Dios mío, eso es TERRIBLE!».

Él le contestó: «¿Percibo un toque de sarcasmo en esto?».

A lo que ella respondió: «¡No, lo digo en serio! Sé lo mucho que dependes de ella».

Y he aquí cómo una afirmación sarcástica puede tomarse como una declaración sincera:

Un colega de David estaba trabajando vía correo electrónico en un artículo sobre baloncesto con un escritor deportivo. Empezaron a discutir sobre el periodo de fichajes para el 2003 de la NBA y el hecho, muy sonado, de que los Detroit Pistons hubieran elegido a Darko Milicic, un jugador con resultados que dejaban mucho que desear, en lugar de a la superestrella en alza Carmelo Anthony. El escritor le comentó que, según su análisis estadístico, Anthony era uno de los jugadores más sobrevalorados de la competición.

El colega de David le contestó: «Entonces, ¿significa eso que Darko era la elección correcta?».

Esto pretendía ser un comentario sarcástico. Fuera cual fuera tu opinión sobre Anthony, nadie en su sano juicio pensaría que Milicic era una opción mejor.

Aun así, el escritor le contestó seriamente: «No, podrían haber cogido a Dwyane Wade».

Con esto cesó el flujo de mensajes ya que, evidentemente, el escritor debió pensar que el colega de David no tenía ni idea del tema.

El *segundo* problema del sarcasmo es el más evidente: que el objeto de tu sarcasmo *sí* capte el tono, especialmente si este pretende ser hiriente y no divertido. La gente detesta las críticas sarcásticas porque representan la forma más cortante y condescendiente de queja que hay. Si eres el jefe y empleas sarcasmo en un mensaje puede que no veas qué reacción estás provocando, pero seguro que no te estás haciendo querer por tu personal. ¿Y qué pasa si utilizas este tono de forma consistente cuando escribes a un superior? Es como cometer un suicidio profesional. ¿Y con clientes, colegas y relaciones? Ventas perdidas. Amigos alienados. Si no te queda más remedio que usar el sarcasmo, nuestra recomendación es que lo hagas en persona. Al menos así tienes la posibilidad de saber de inmediato si la has fastidiado y hasta qué punto.

Frases tendenciosas y preguntas retóricas

La máxima expresión del sarcasmo en un mensaje de correo electrónico son las frases tendenciosas. Estas ponen un énfasis particular en el poder que uno tiene sobre la otra persona y, en realidad, no deberían emplearse nunca. Si se dicen en voz alta es imposible no sonar impaciente, condescendiente y sarcástico. En la página o en la pantalla resultan aún peor. Incluso si las personas a las que diriges estas frases son, en realidad, tus subordinados, ¿crees que utilizar este tipo de lenguaje con ellas puede aportar algo bueno?

No imagino por qué...
Vas a tener que...
¿Es demasiado pedir...?
¿Por qué diablos...?
Parece increíble que...
Siento curiosidad, dime...
Por favor, explícame...

Y si piensas que las frases tendenciosas son irritantes, imagínate las preguntas retóricas. No estamos hablando de preguntas retóricas del tipo: «¿Debo compararte a un día de verano?», sino del tipo: «Estoy haciendo esta pregunta porque la respuesta, si es que hay una respuesta, resulta humillante para ti». (Los griegos también tenían un término para este concepto: *epiplexis,* hacer preguntas con el solo objetivo de injuriar o rebajar.)

He aquí el mejor ejemplo —o el peor— de *epiplexis* en mensaje:

No hace mucho tiempo, nuestra amiga Ana (hemos cambiado su nombre) llegó a trabajar, encendió su ordenador y fue recibida por este correo electrónico. Algunos detalles identificativos han sido eliminados, pero todo lo demás es real:

Ana:
¿en qué planeta vives? esto de actuar ignorando la realidad que tú misma has construido, ¿lo haces a propósito? ¿cómo pudiste creer que tenías derecho a algo si NO tenías —ni tienes— CONTRATO alguno conmigo? ¿es que está en juego tu trabajo? ¿acaso es tan desastrosa la situación financiera de tu empresa que necesitáis volver a chuparme la sangre? ¿te da la inteligencia para comprender, aunque solo sea remotamente, las palabras «mala práctica profesional»? ¿y ética? durante mucho tiempo me he preguntado qué era lo que tanto me molestaba de mi relación con tu empresa. por fin, tu

mensaje me ha revelado lo que es: tu presunción. ¿entiendes lo que significa esa palabra? ... por favor, guárdate de contactarme directamente.

Ah, y venía acompañado de un montón de copias, quizá incluso algunas copias ocultas, aunque eso Ana probablemente nunca llegue a saberlo.

He aquí otro clásico mensaje sarcástico, recibido por Will. Los detalles reveladores han sido borrados.

Will:

¿No te parece que este anuncio es francamente lamentable? ¿De verdad pondrías un anuncio así en un periódico? ¿En qué estabais pensando? Sé que estáis trabajando a contrarreloj... pero ¿no podía haberme enseñado alguien el anuncio antes?

En cierto sentido, este mensaje era muy eficaz —nadie tenía la menor duda sobre el sentir del escritor—. Pero también resultaba enfurecedor. Antes de enviar una carta que contenga preguntas conviene imaginar cómo podría contestarlas el receptor sin verse obligado a exponer una verdad que probablemente sea mal recibida («En realidad, me encantó este anuncio. Estaba plenamente dispuesto a ponerlo en el periódico. Y desde hace semanas estás ilocalizable») o sin tener que rebajarse por completo («Sí, ahora veo que es lamentable. No podría haber puesto un anuncio así en el periódico. ¿En qué estaría pensando? Y no tengo ni idea de por qué no te he mostrado el anuncio antes»). Como es evidente, la respuesta a estas preguntas implica admitir que uno tiene un mal gusto atroz, que es un incompetente y que menosprecia los sentimientos de la persona cuyo producto está siendo anunciado. Resulta revelador comprobar lo mucho que cambia el tono cuando se eliminan las preguntas retóricas:

Will:

No me gusta nada este anuncio. No veo que pueda ponerse en un periódico. Sé que estáis trabajando a contrarreloj, pero necesito que me mostréis los anuncios antes.

La aflicción del escritor sigue siendo palpable. La diferencia está en que el manto de humillación provocado por las preguntas ha desaparecido.

Como regla general, si una pregunta no puede contestarse sin que alguien pierda la cara, o si ya conoces la respuesta y esta no te gusta, o si no conoces la respuesta pero tampoco te importa, entonces no es una pregunta; está ahí solo para sentar el tono. La idea no es que nunca se deban emplear preguntas retóricas cortantes; más bien es que deberías ser consciente de que son bombas sucias que pueden causar graves daños colaterales.

Si no puedes arriesgarte a irritar a alguien no deberías hacer uso de preguntas retóricas o frases tendenciosas. E incluso si te lo puedes permitir, antes de hacerlo deberías preguntarte (o preguntarle a un profesional cualificado para tratar estos temas): ¿por qué necesito imponerle mi autoridad a esta persona?

¿Nos vuelve más estúpidos el correo electrónico?

En caso de que tuvieras alguna duda no hay prueba de que el correo electrónico nos vuelva más estúpidos. Un «estudio» citado recientemente en las noticias afirma que verificar tu correo electrónico reduce tu cociente intelectual tanto como pasar una noche en blanco o fumar marihuana. Erróneo. El estudio se basaba en tan solo ocho personas, y no se refería a los mensajes sino a las interrupciones: los participantes debían resolver problemas complejos al tiempo que estaban siendo bombardeados con correos electrónicos *y* con llamadas telefónicas a sus móviles. No es de sorprender que los atribulados

participantes tuvieran peores resultados que la gente a la que se
le pedía acometer las mismas tareas en un ambiente de paz y
tranquilidad.

La duplicidad

No todos los mensajes malintencionados toman la forma de
un grito a pleno pulmón o un aparte mordaz. El correo electrónico también puede fomentar el cotilleo y la duplicidad.

Estos últimos no son pecados provocados por la desinhibición ni crímenes pasionales. Son pecados de obra. Son las cosas
que la gente hace cuando piensa que su acción no tiene consecuencias. Lamentablemente, el correo electrónico facilita enormemente involucrarse en sucios trabajos maquiavélicos. El conocimiento se convierte en poder, el cual puede repartirse de
manera selectiva. Para proteger tu territorio rebajas a los demás.
Compartes el placer que te procuran las desgracias ajenas.

Comparemos los siguientes escenarios:

Un colega y tú estáis en el despacho de vuestro jefe. Tu colega dice una estupidez. Te encantaría intercambiar miradas
con tu jefe, pero no te atreves. Cuando por fin se termina la
reunión —momento idóneo para diseccionar en privado el
comentario en cuestión—, el momento ha pasado. Muy
pronto, el comentario ha caído en el olvido.

O bien:

Estás en tu despacho cuando un colega y tú recibís de forma
simultánea por correo electrónico un mensaje de tu jefe. Tu
colega os contesta a ambos con un comentario estúpido. In-

mediatamente después, le envías un mensaje a tu jefe (y solo a él) para expresarle tu exasperación. Es un momento vinculante entre tu jefe y tú, pero a expensas de una tercera persona. (Si los jefes no fueran humanos, probablemente desalentarían este tipo de comportamiento.)

Un par de cosas sobre ser tacaño

Si vas a ser tacaño procura no serlo por medio de un correo electrónico, y esto por razones tanto prácticas como cósmicas.

José María Cernuda, abogado especializado en derecho informático y en comercio electrónico, estaba comiendo cuando Julia A., que trabajaba de secretaria en su empresa, derramó mostaza sobre sus pantalones de forma accidental.

Tras el incidente, José María sintió la necesidad de enviarle el siguiente correo electrónico a Julia:

Hola, Julia.

Fui a la tintorería después de comer y me dijeron que limpiar las manchas de mostaza me costaría unos 6 euros. Si pudieras darme el dinero hoy mismo, te lo agradecería mucho. Gracias. José María.

Al no recibir una respuesta inmediata, siguió insistiendo sobre el asunto y llegó incluso a pedirle a Ana María, una colega, que dejara una nota en un *post-it* en el despacho de Julia para recordarle la deuda.

A continuación, Julia respondió por correo electrónico y envió copia a cientos de personas de su empresa:

Asunto: Re: Pantalones con mostaza

En referencia al mensaje abajo indicado, le pido disculpas por no haber contestado de inmediato, pero debido a la enfermedad repentina de mi madre, a su muerte y a su funeral,

he tenido cuestiones más apremiantes que resolver que sus
6 euros.

Le pido disculpas, una vez más, por derramar un poco de mostaza sobre sus pantalones. Es evidente que aun siendo socio *se-
nior* está más necesitado que yo, que soy una simple secretaria.

Tras mostrarle su mensaje y la nota de Ana María a varios so-
cios, abogados y becarios de MGF y Asociados y de IP/IT, estos se ofrecieron amablemente a hacer una colecta para re-
caudar los 6 euros en cuestión.

He rechazado su amable oferta, pero si siente que necesita
con urgencia 6 euros, los encontrará en la mesa de mi despacho esta misma tarde. Julia.

Si esto no hubiera sido plasmado en un mensaje no se hubiese enterado nadie.

Recuperar un correo electrónico

Está bien. Acabas de enviarle a alguien un mensaje verdaderamente mezquino y estúpido y te gustaría recuperarlo antes de
que esa persona lo vea. ¿Es esto posible?

Bueno, sí y no.

En teoría, los sistemas *deberían poderse* configurar de manera que pudieras retirar un mensaje que te arrepientes de haber
mandado del servidor de correo de un destinatario siempre
que este todavía no lo haya leído. Pero si tuviéramos la capacidad de destruir uno que ya hubiese llegado a su destino, ningún mensaje estaría a salvo. Básicamente, si puedes entrar en el
servidor de correo de tu destinatario y recuperar tu correo electrónico, también puedes hacer cosas mucho peores.

Algunos proveedores de correo electrónico han encontrado
la manera de sortear este problema. Es el caso de AOL, que

ofrece un servicio de correo web que incorpora una opción de mensajes *No enviados*. Los usuarios de AOL que envían mensajes a personas que utilizan el mismo sistema pueden anular el envío o modificar el contenido del mensaje enviado hasta el mismo momento en que el destinatario lo lee. Los mensajes intercambiados entre usuarios no llegan a abandonar nunca los servidores de la empresa, lo que ha permitido a compañías como AOL desarrollar una herramienta para que el propietario recupere mensajes dentro de su propia casa, por ponerlo de alguna manera.

Si resulta que trabajas con Outlook y tanto tú como la persona a la que escribes utiliza Microsoft Exchange Server u otro tipo de servidor compartido, y además el mensaje original todavía no ha sido abierto, entonces puede que consigas retirar aquel fatídico mensaje si haces lo siguiente:

Abre la carpeta de *Elementos enviados* y haz doble clic sobre tu mensaje para abrirlo. A continuación, selecciona el menú *Acciones* y haz clic en *Recuperar* este mensaje. Se te dará la opción de borrar el mensaje o de reemplazarlo con uno más reciente siempre y cuando este no haya sido leído. No obstante, no puedes fiarte del todo de Outlook cuando te comunica: «Ningún receptor ha informado haber leído este mensaje». Esto puede deberse a que el destinatario no utiliza Outlook, o bien a que no comparte tu servidor. El programa no es capaz de decírtelo. Es muy posible que los mensajes hayan sido abiertos y leídos.

Cómo evitarte problemas

Las reglas para manejar material emocionalmente volátil en un mensaje de correo electrónico no son tan complicadas:

Si no te atreverías a hacer ese mismo comentario a la cara de tu interlocutor, y mucho menos a quedarte esperando la respuesta que este suscite, entonces probablemente no deberías ponerlo por escrito en un mensaje.

Asimismo, es difícil imaginar demasiadas situaciones en las que necesites recuperar un mensaje agradable.

CAPÍTULO 6

El mensaje que puede llevarte a la cárcel

Vivimos bajo la ilusión de que el mensaje enviado por correo electrónico es íntimo y efímero.

No lo es. Puede hacerse público con facilidad, y puede perdurar. Las consecuencias de olvidar esta idea pueden ser devastadoras, tanto si trabajas para una gran empresa del Fortune 500 como si lo haces para un pequeño negocio, una ONG o si eres trabajador autónomo.

Desde que apareció el correo electrónico se ha despedido a gente por usarlo incorrectamente. El primer episodio famoso de una catástrofe autoinfligida por correo electrónico fue el de la agencia William Morris, en Los Ángeles, en 1992. Se despidió a seis trabajadores que habían reenviado por error unos mensajes en los que se burlaban de altos ejecutivos de su empresa. Quizá fuera este el primer incidente, pero desde luego no ha sido el último.

Y no es solo tu puesto de trabajo el que puede resultar torpedeado: lo que se dice en un mensaje de correo electrónico puede hundir a toda una empresa. Piensa en Enron, en Arthur Andersen, en WorldCom. Piensa en Merck, a la que el descubrimiento de mensajes incriminatorios en el caso Vioxx le costó unos 30.000 millones de dólares en capitalización bursátil. En la última década ha crecido exponencialmente el número de casos en los que una correspondencia electrónica ilegal, mal gestionada o inadecuada se ha convertido en una prueba clave ante los tribunales. No es de extrañar que el negocio de la investigación electrónica esté en pleno auge y que haya pasado de unas ventas de 500 millones de dólares en el 2003 a 2.000 millones de dólares en el 2005.

El mensaje citado a continuación, enviado por un empleado de A. H. Robins —fabricante del Fen Phen*— a otro, fue utilizado en un pleito civil por los efectos secundarios mortales de la medicación dietética:

> ¿Acaso me tiene que apetecer la perspectiva de pasarme mis próximos años prescribiendo recetas para gordos preocupados por un estúpido problema pulmonar?

Este otro nos llega de los archivos de una empresa dedicada a analizar correspondencia electrónica en pleitos mercantiles:

> ¿Hemos arreglado ya el tema ilegal de las retenciones de gastos y del dinero de las pensiones?

Suponemos que no eres un delincuente. En consecuencia, este capítulo no tratará acerca de mensajes que sean prueba de un delito —intercambio de información privilegiada, montajes fraudulentos, mapas en los que se señala dónde están enterrados los cuerpos—. Por el contrario, intentaremos indicar algunas trampas menos evidentes. El correo electrónico tiene la habilidad de hacer parecer que estás violando la ley incluso cuando este no es el caso.

---

* El Fen Phen es un controvertido medicamento contra la obesidad. *(N. de la T.)*

El mensaje que parece criminal sin serlo

Una empresa llamada Cataphora, que asiste a abogados en el análisis y la revisión de correspondencia electrónica en casos en los que es necesario escrutar millones de mensajes de correo electrónico, encontró lo siguiente en una investigación legal:

¿Podríamos hablar de aquello de lo que hablamos el otro día cuando hablamos de aquel otro tema? Cuando te visité. Es bastante urgente.

Parece bastante sospechoso, ¿verdad? Pero «aquello» podría ser una fiesta sorpresa para la despedida de alguien que se jubila. Sin embargo, en un juicio este mensaje está destinado a aparecer como prueba de una conspiración. (Por eso son tan importantes las cadenas de mensajes de correo electrónico: el contexto es fundamental.)

El programa informático que permite a los abogados encontrar mensajes incriminatorios es muy sofisticado. El de Cataphora, por ejemplo, no solo busca palabras clave —Al Qaeda, información privilegiada o el nombre de una marca en particular—. También busca palabras que denoten preocupación: frases como «no puedo dormir», «tensión alta», «confuso y perdido». Asimismo rastrea combinaciones de palabras que parecen estar ocultando algo, como «aquel otro tema» que hemos citado antes.

Pero también busca cambios abruptos en el estilo de los mensajes: el contable que nunca utiliza signos de exclamación o letras mayúsculas y de repente las empieza a utilizar todo el tiempo; el banquero que nunca utiliza el correo electrónico por la noche y que se pone a enviar mensajes a las tres de la madrugada; el corredor de bolsa que solía reenviar sus mensajes acompañados de una pequeña nota empieza a reenviarlos con instrucciones detalladas. Además rastrea comportamientos «a dos bandas», comparando, por ejemplo, notas distintas en reenvíos de un mismo mensaje a personas diferentes.

Los programas que existen en la actualidad buscan también patrones de tráfico. Imaginemos que eliminas a un colega de tu lista de correo electrónico. ¿Lo borraste porque no querías molestarlo o porque no querías que tuviera la información necesaria para hacer su trabajo? Si este es el caso y tu colega acaba siendo despedido y recurre a los tribunales, la forma en que actuaste y tus mensajes podrían pasar a formar parte del caso. O imagínate lo sospechoso que resultaría si trabajaras en una compañía financiera y no invitaras a tu auditor interno a una reunión clave. (Una manera de evitar estos accidentes es tener una lista de direcciones preparada para cada equipo o reunión de trabajo. Así nadie queda excluido del grupo por error.)

Consejo: Sé constante en cómo escribes tus mensajes, a quién incluyes y cuándo los mandas.

Frases estúpidas (y reales) que acabaron en los tribunales

1. ¡BORRA ESTE MENSAJE!
2. NO se lo digas a Joe.
3. ¿Colará?
4. Nunca se enterarán.
5. Tengo serias dudas.
6. Me importa un pepino lo que hagas.
7. Quizá esto no sea legal.

Mensajes con preguntas que pueden acarrear problemas en el futuro

¿Cuándo una pregunta deja de ser solo una pregunta? Cuando se hace en un correo electrónico.

El siguiente mensaje constituyó una prueba incriminatoria ante un tribunal:

Me siento muy incómodo con cómo se han manejado estas transacciones. ¿Qué crees que debería hacer al respecto?

Preguntas como esta pueden tener implicaciones legales. Por ejemplo, si eres un científico que trabaja para una farmacéutica y sopesas si debes seguir adelante con una nueva prueba sobre el nuevo medicamento milagroso de tu compañía, el hecho de preguntar acerca de dicha prueba en un mensaje implica que estás casi obligado a llevarla a cabo. Si no lo haces y algo va mal con el nuevo medicamento, tu mensaje puede ser prueba suficiente de mala fe o de un descuido negligente.

No estamos diciendo que nunca más vuelvas a hacer preguntas. Simplemente decimos que en un mensaje enviado por correo electrónico, incluso una pregunta inocente y bien intencionada puede convertirse en parte de un registro permanente y desencadenar una cascada de consecuencias imprevistas.

Para ilustrar esta situación, un amigo de Will cita lo que él denomina «el correo electrónico de los 5.000 dólares». En cuanto alguien que despacha con él le pregunta por correo electrónico si algo necesita una «revisión legal», significa que más vale que la empresa lleve a cabo dicha consulta, prescindiendo de si una revisión legal de 5.000 dólares sea o no estrictamente necesaria.

Consejo: Hay algunos giros que deben vigilarse si estamos escribiendo sobre algo potencialmente delicado. Si te en-

cuentras escribiendo: «¿DE VERDAD piensas que es una buena idea…?», sé consciente de que está implícito que tú crees que no es una buena idea. El hecho de expresar tus preocupaciones en forma de pregunta no te eximirá de responsabilidades futuras.

Intimidad en el trabajo

A continuación reproducimos un extracto del manual de políticas de empresa de una compañía típica del Fortune 500. (Hemos cambiado su nombre a Big Corporation.)

Esperamos de usted un uso razonable y discreto de los activos de Big Corporation (estos incluyen sistemas, archivos, libros y registros). No deberá atender asuntos personales significativos desde las instalaciones de Big Corporation durante su jornada laboral, ni emplear equipo o personal de Big Corporation (ya sea personal administrativo o no). Las instalaciones de trabajo de la compañía, sus propiedades y suministros, incluidos sus sistemas informáticos y los archivos utilizados por estos sistemas electrónicos —sin perjuicio de las claves de acceso— (por ejemplo correo electrónico, contestadores automáticos y archivos informáticos), así como sus teléfonos, fotocopiadoras, central de correo, papelería, marcas registradas y logos, son propiedad de Big Corporation y se le suministran para la ejecución de sus cometidos en la empresa […]

Esperamos de usted un uso de los sistemas electrónicos de Big Corporation adecuado a los fines legítimos del negocio. Por ejemplo, nunca deberá mandar un mensaje por correo electrónico cuyo contenido no estuviese dispuesto a reproducir en un memorando o en una carta, o que no quisiese que formara parte de una investigación o pleito, y nunca deberá utilizar el correo electrónico (u otros medios de comunicación electrónica) para distribuir material ofensivo, vulgar o pornográfico. Entendemos que cierto uso personal de los equipos electrónicos de Big Corporation es inevitable. Esperamos de usted que ese uso se mantenga en un mínimo razonable. Debe tener en cuenta que incluso la información personal encontrada en los sistemas de Big Corporation está sujeta a esta política. Nuestros sistemas no deberán ser utilizados para enviar o reenviar contenidos que violen nuestra política contra la discriminación y el acoso o que tengan propósitos engañosos, deshonestos o inadecuados. Aunque resulta imposible especificar todos los usos potencialmente inadecuados de los sistemas electrónicos de Big Corporation, entre estos se encuentra, por ejemplo, enviar un mensaje por correo electrónico que aparente proceder de una persona distinta de usted mismo o que enmascare la verdadera identidad del emisor, así como acceder a archivos distintos a los directamente relacionados con su trabajo, incluso si usted dispone de la clave de acceso a estos archivos adicionales.

El correo electrónico y la mensajería de voz no constituyen comunicaciones privadas. Aunque Big Corporation no tiene intención de vigilar rutinariamente el contenido del correo electrónico o de la mensajería de voz, se reserva el derecho de autorizar la inspección y revisión de cualquier información almacenada en sus sistemas (incluido el ordenador, el correo electrónico y la mensajería de voz), todo el correo enviado desde la dirección de Big Corporation y todos los despachos, muebles, archivos u otra propiedad. Así pues, no deberá emplear el correo electrónico o la mensajería de voz para comunicaciones personales.

¿Lo encuentras raro? Pues no lo es.

El hecho es que la mayoría de las empresas vigilan activamente el correo electrónico de sus empleados —incluso cuando estos utilizan su cuenta personal—. Según la American Management Association (Asociación estadounidense de gestión empresarial) y el ePolicy Institute (Instituto de Política Digital), el 36 % de las empresas utiliza programas informáticos para rastrear el contenido, las pulsaciones y el tiempo pasado frente al teclado; y el 38 % da trabajo a gente cuyo cometido es vigilar tu correo electrónico. En conjunto, más de la mitad de estas empresas afirmaron haber despedido o tomado medidas disciplinarias contra trabajadores que habían incumplido la política de correo electrónico.

Entonces, ¿cuál es la conclusión con respecto a consultar tus cuentas privadas de correo electrónico mientras estás en el trabajo? Le preguntamos a la directora de recursos humanos de otra empresa del Fortune 500 y nos confirmó que no existe ninguna tecnología que permita a su empresa acceder al contenido de un mensaje de correo electrónico que ya haya sido enviado desde una cuenta de correo web personal —salvo que obtenga una orden judicial para presentarla a AOL, por ejemplo—. Pero si tu empresa sospecha de tu comportamiento, puede vigilar los mensajes que estás enviando desde tu cuenta personal ahora mismo (utilizando por ejemplo capturas de vídeo del teclado del ordenador). Y si la política de la empresa establece que no se permite a los empleados el uso personal de los ordenadores, no necesita ninguna autorización legal. Su consejo es que no escribas nada en un mensaje personal enviado desde la empresa que no quisieras que el departamento de recursos humanos leyera.

El mensaje que no tiene tanta gracia

¿Sabes lo del tipo que reenvió un mensaje gracioso a todos los miembros de su departamento?

¡Lo despidieron!

¡Ja!

La gente a menudo usa el correo electrónico para enviar chistes. Esta es una costumbre peligrosa. En el mejor de los casos los chistes proporcionan una diversión pasajera; en el peor, ofrecen una prueba poderosa de un entorno de trabajo hostil. (La ley es bastante clara en estipular que nadie debería trabajar en un entorno así.)

Y a pesar de ello la gente persiste. Según una encuesta de la American Management Association y del ePolicy Institute, el 60 % de los usuarios del correo electrónico admite haber enviado correos electrónicos con contenido adulto desde su puesto de trabajo; el 50 % ha recibido correo supuestamente humorístico de contenido racista, sexista, pornográfico o, de alguna manera, ofensivo.

Estas conclusiones quedan ratificadas por otras vías. Parte de la investigación del enorme fraude de Enron consistió en hacer públicos un impresionante número de mensajes de correo electrónico de la empresa. Este archivo registrable ofrece una ventana para observar la vida electrónica de una empresa estadounidense. Una entidad llamada Inboxer estudió el archivo de Enron y descubrió que uno de cada veinticinco mensajes de la base de datos —un total de 20.378— tenía «contenido pornográfico, lenguaje ofensivo relacionado con razas o etnias, chistes verdes o imágenes de gusto dudoso».

Existen infinidad de motivos morales o éticos para no enviar —ni tolerar— mensajes ofensivos en el lugar de trabajo. Pero también están los costes financieros. En abril del 2006, la Casa de la Moneda de Denver llegó a un acuerdo extrajudicial para pagar 9 millones de dólares a sus empleadas como compensación por alegaciones de acoso sexual. Parte del caso se basaba en mensajes subidos de tono. Y la Casa de la Moneda no es la única. El 27 % de las empresas del Fortune 500 han tenido que enfrentarse a reclamaciones de acoso relacionadas con el correo electrónico.

*Consejo: Si buscas una lista de temas sobre los que no bro-
mear por correo electrónico, basta con leer la política de no
discriminación de tu empresa o de una organización que
admires. Para empezar, ninguno de los siguientes temas
ofrece una buena lanzadera para la comedia: raza, creen-
cias, color, origen nacional, género, origen étnico, orienta-
ción sexual, religión, estado civil, discapacidad física o enfermedad mental.*

Cambia el encabezamiento de la línea de *Asunto*

El encabezamiento de la línea de *Asunto* puede meterte en un
lío legal si no lo cambias cada vez que abordas un nuevo tema.
Supongamos que en el mes de enero escribes «Empresa X».
Y supongamos que, como muchos hacemos, dejas esta línea de
Asunto sin tocar, aunque ahora tus mensajes ya no se refieren a
la empresa X. Supongamos también que la «Empresa X» es objeto de una investigación judicial en el mes de abril. Todos tus
mensajes en los que figure «Empresa X» en la línea de *Asunto*
—incluso aquellos que nada tengan que ver con la empresa X y
también esos que contienen detalles sonrojantes sobre tus problemas de higiene personal— pasarán al sumario judicial. Y si
mencionas a la empresa Y, también se incluirán esos datos, así
como todos los correos electrónicos que estén relacionados con
Y. Así que cambia la línea de *Asunto*. Por favor. Es por tu propio bien.

El mensaje que no debiera haberse compartido

He aquí una respuesta bien intencionada que puede acarrear
problemas. Imagina que alguien te hace una pregunta por co-

rreo electrónico. Le respondes que no puedes darle una contestación porque tu jefe está en Omaha. A la persona que te hizo la pregunta esta información aparentemente inocente le sirve para confirmar los rumores de que la empresa para la que trabajas está a punto de ser comprada por Berkshire Hathaway. Si esta persona decide a continuación comprar un número tan elevado de acciones como para llamar la atención del gobierno, podrías acabar teniendo problemas, o por lo menos viéndote involucrado en una investigación.

He aquí otro ejemplo. Un amigo te envía el texto de un libro popular que ha escaneado en su ordenador. Te lo envía a tu dirección de correo electrónico y tú lo reenvías. Ahora es tu empresa la que ha violado los derechos de reproducción. (Si te lo hubiera enviado a tu casa el único responsable y culpable serías tú, pero probablemente no te llevarían a juicio.)

Otro ejemplo más. El abogado de tu empresa te manda un mensaje marcado como «privado y confidencial». Contestas y le envías copia a alguien de fuera de la empresa que no tiene ningún vínculo con el asunto. ¡Enhorabuena! Según dicen los abogados con experiencia en este terreno, si el receptor no se encuentra bajo protección (normalmente ofrecida por algún tipo de relación de agencia), el carácter privado de la comunicación se esfuma, y con ella la confidencialidad. Ahora puede emplearse en un proceso judicial. Y, dependiendo de la política de tu empresa, el mero hecho de haberlo reenviado puede ser motivo suficiente para despedirte, con independencia de si el mensaje acaba o no en el juzgado.

Y otro más. En el 2006, el Departamento de Justicia de Estados Unidos puso bajo investigación antimonopolio a cinco grandes empresas de servicios sanitarios. Como parte del proceso se descubrió que una de las empresas, Smith & Nephew, había reconocido que uno de sus vendedores envió un mensaje a sus competidores en el que les sugería una «respuesta coordinada» para fijar el precio de unos implantes ortopédicos destinados a ser vendidos a un hospital. ¿Una frase inocente, aunque estúpida? ¿O una prueba de cargo? No lo sabemos. Lo que sí sabemos es que al vendedor le costó su empleo y que a todas estas empresas les está costando un montón de tiempo y de dinero.

> *Consejo: Las bocas abiertas pueden hundir barcos, como también lo puede hacer la costumbre de compartir y reenviar archivos. Asimismo, conviene tener presente que esos avisos legales cada vez más largos y complicados que figuran en la parte inferior de los mensajes que recibes de tu abogado (y de tu contable y del cuidador de tu perro) ofrecen una protección limitada por muy largos que sean.*

Huyendo de la *metadata*

Todos los documentos de Word contienen *metadata,* una codificación que ofrece datos sobre la historia del texto y que está disponible para quien tenga la habilidad de descifrarlo. ¿Quién envió el original? ¿A quién y cuándo le fue enviado? ¿Quién hizo cambios? Todo esto y quizá más puede descubrirse en la codificación, bien sea abierta u oculta.

Hay muchos ejemplos de información confidencial que acaba siendo expuesta por accidente a través de la *metadata:* secretos militares en un informe sobre la muerte del agente italiano Nicola Calipari en Irak, desacuerdos entre países en un informe de las Naciones Unidas, consejos estratégicos de fuentes partidistas en el informe supuestamente no partidista del presidente George W. Bush del 2005, «Estrategia de seguridad nacional para una victoria en Irak». En cada uno de estos casos la *metadata* reveló rastros de borradores anteriores y los nombres de individuos cuyas contribuciones deberían haber permanecido ocultas.

Existen dos fuentes principales de esta *metadata:* información sobre el perfil del usuario y fragmentos de borradores previos. Los usuarios introducen sus nombres, cargos y, a menudo, sus direcciones y números de teléfono cuando inician sus ordenadores por primera vez, y a veces también lo hacen al abrir programas nuevos. Esta información se adjunta de manera automática a prácticamente cualquier archivo que toquen. Si debes introducir esta información —o si tu empresa lo hace por ti—, existen diversas maneras de borrarla después. Este proceso es diferente para cada programa. Ten en cuenta, sin embargo, que limpiar *metadata* que revele borradores anteriores puede resultar algo más problemático, pues existen varios tipos de *metadata* y la mayoría requiere conocer un comando distinto e incomprensible para su desactivación. Siempre se pueden «lavar» los archivos guardándolos como «solo texto» (*Guardar como>Formato*: texto MS-DOS), pero esto también eliminará todo el formato del documento. Existen programas comerciales que eliminan la *metadata* de los documentos y protegen el formato elegido por el usuario.

El mensaje que deberías (o que no deberías) haber guardado

Esta es el área más polémica y confusa de la legislación sobre correo electrónico. ¿Qué es susceptible de ser investigado en un proceso judicial y qué no lo es? ¿Cuánto tiempo han de conservarse los registros de correo electrónico? ¿Quién paga los enormes costes de recuperación de mensajes de correo electrónico en un juicio? En respuesta a esto, la gran mayoría de las empresas ha formulado una política propia de archivo y borrado de mensajes, y todas estas políticas son prácticamente distintas entre sí. El objetivo es conservar lo menos posible, pero lo suficiente para mantener la empresa operativa, y eso depende del sector de actividad de cada empresa.

Lo fundamental a la hora de archivar es esto: ser constante. Guardar las mismas cosas y eliminar las mismas cosas. La gente se mete en problemas cuando se desvía y hace excepciones. De hecho, hay mensajes que hubieran exonerado de acusaciones a empresas y que han sido desestimados por no haberse archivado según la política preexistente. Ah, y el hecho de tener una copia impresa no significa que tengas una prueba. Un correo electrónico que no ha sido recuperado del servidor de la empresa en el momento de la instrucción del sumario puede ser rechazado como prueba durante un juicio.

Por otra parte, uno no puede seguir la política de archivo de su empresa con carácter retroactivo. Veamos lo que le ocurrió a un socio de Arthur Andersen en el asunto de Enron. Cuando las cosas se empezaron a poner feas, pero antes de que los registros pasaran a formar parte del sumario, este socio se enfrascó en una orgía de purga, borrando todos los registros que, según la política de la empresa, podían haber sido eliminados y no lo fueron. El tribunal no tuvo una impresión favorable de esta actuación.

¿Y qué haces si te das cuenta de que alguien con quien te escribes está siendo investigado? Según Elizabeth Charnock, directora ejecutiva de Cataphora, más gente de la que imaginas interpreta esta situación como una señal para rebuscar en sus bandejas de entrada y de salida y eliminar todo rastro de correspondencia con el sujeto investigado. ¿Es sabio hacer esto? Mmm..., pues no. Los investigadores probablemente ya tengan (y si no lo tendrán) un registro de vuestra correspondencia. Si se te envía un requerimiento judicial para mostrar tu correspondencia, el borrado frenético solo contribuirá a hacerte parecer culpable.

Y por último recuerda: desde el momento en que tu abogado te anuncia que hay una investigación judicial en curso, todo queda congelado. No puedes borrar ninguno de tus mensajes sin la

203 David Shipley y Will Schwalbe

aprobación de tu abogado. En esta sociedad, tan propensa a litigar, cada vez son más frecuentes estos «anuncios de congelación». En una encuesta publicada en el 2006, el 24 % de las empresas entrevistadas había recibido orden de entregar la correspondencia electrónica de sus empleados en el curso de investigaciones llevadas a cabo por organismos judiciales o agencias reguladoras. Hace poco, a Morgan Stanley se le impuso una multa de 1.450 millones de dólares, en parte porque el juez estimó que el banco había actuado con mala fe al no entregar correspondencia electrónica relevante al caso. Pero la ineptitud —y no solo la mala fe— también puede costarte una multa y un juicio.

Cuando se produce un pleito todo el mundo se preocupa sobre lo que ha escrito. Pero también debería preocuparse por los mensajes recibidos y no contestados. Bajo la ley Sarbanes-Oxley, si recibes un mensaje de correo electrónico que contiene alegaciones de actividades ilícitas y potencialmente ilegales dentro de tu empresa, tienes el deber de hacer algo al respecto.

¿Qué es lo que se debe vigilar? Este es un mensaje real sacado de un caso reciente:

> Esto no tiene remedio. No se puede hacer. Debemos decirle al cliente que no podemos cumplir este contrato. Hay demasiados riesgos y defectos.

¿Procedía de una fuente fidedigna o de un empleado descontento que necesitaba desahogarse? Quién sabe. Pero debes tomar una decisión al respecto, ya sea contestando al mensaje, reenviándolo a tus superiores o llamando a los abogados.

Consejo: El archivado no es el área más adecuada para expresar tu individualidad o experimentar con diferentes técnicas. Si trabajas para una empresa, sigue su política, sé constante y no escondas la cabeza bajo el ala.

Cómo borrar algo para que permanezca borrado

Hay gente a la que le gusta acumular; a otros les gusta deshacerse de cosas. Tu comportamiento debe reflejar tu estilo personal, aunque respetando la política de tu empresa, si es que la tiene. Lo principal es darse cuenta de que una vez que decides borrar algo es como si sacaras la basura de la cocina y la dejaras en el pasillo. Todavía sigue ahí. Si de verdad quieres deshacerte de un mensaje tienes que borrarlo de tu bandeja de entrada, vaciar la papelera de reciclaje y después emplear otro sistema de borrado seguro —o un programa de reescritura— para asegurarte de que no está en ninguna otra parte del disco duro, y de que ha sido sobrescrito entre 16 y 20 veces, y por lo tanto, convertido en un archivo imposible de encontrar. Es decir, que tienes que sacarlo de tu cocina al pasillo, del pasillo al contenedor y de ahí a la incineradora. Además, si el sistema de tu empresa cuenta con un sistema de copia de seguridad adecuado, lo anterior probablemente no sirva. El archivo seguirá por ahí, en alguna parte. (Salvo, por supuesto, si el documento es de esos que SÍ QUIERES encontrar, en cuyo caso nadie será capaz de encontrarlo.)

Ante la duda

¿Y qué hacer si te ves obligado a comunicar información que pudiera ser legalmente comprometida? Pues bien, esto es lo que Eliot Spitzer, gobernador del estado de Nueva York, dijo al respecto cuando era fiscal general del mismo estado: «Nunca hables cuando puedas asentir con la cabeza. Y nunca escribas algo cuando puedas hablar. Y solo me queda por añadir: nunca lo incluyas en un correo electrónico».

CAPÍTULO 7

SEND

Pasemos ahora al acrónimo inglés que le da título a este libro: SEND (ENVIAR). Este capítulo ofrece una prueba sencilla, compuesta de cuatro preguntas, para ayudarte a determinar si deberías darle o no a la función de *Enviar*.

Se trata de una prueba que nosotros utilizamos a diario en nuestras vidas.

En una editorial o un periódico aprendes lo siguiente: *El error no es tal hasta que no esté en letra impresa.* Lo mismo pasa con el correo electrónico. Nada malo puede pasar hasta que no le hayas dado a *Enviar*. Aquello que hayas escrito puede estar repleto de erratas, de errores de hecho, de comentarios injuriosos, de mentiras flagrantes, y ¿sabes qué? ¡Que no importa! Si aún no lo has enviado tienes tiempo de arreglarlo. Puedes rectificar cualquier error que hayas cometido y nadie notará nunca la diferencia. Por supuesto, esto es más fácil de decir que de hacer. Todos tenemos dedos inquietos. *Enviar* es la función más atractiva de tu ordenador. Pero antes de sucumbir revisa siempre tu documento una última vez. Y cuando lo revises, recuerda el siguiente acrónimo inglés:

S significa «sencillo».
E significa «eficaz».
N significa «necesario».
D significa «despachado».

Si el mensaje no es *sencillo* provocará confusión y un desperdicio de recursos. Conviene revisar siempre la correspondencia una última vez antes de enviarla a fin de comprobar si alguna cosa puede expresarse mejor. ¿Cómo puedes saber si es lo suficientemente sencillo? Comienza por eliminar palabras y frases hasta que el texto sea lo más compacto y reducido posible sin perder por ello su significado. Las palabras que sobrevivan a tus recortes determinarán cuán eficaz es tu mensaje en realidad.

Si no es *eficaz,* entonces haz lo posible por que lo sea. La mayor parte de la correspondencia ha de convencer a la primera. Puede que no tengas otra oportunidad de conectar con la persona a la que intentas llegar. ¿Cómo saber si tus mensajes son eficaces? Presta atención a tus errores pasados. Intenta aprender algo de ellos. Puede que incluso te venga bien hablar con la persona para quien tu petición o mensaje no surtió efecto con objeto de corregir tu error la próxima vez que lo intentes.

Si tu mensaje no es *necesario,* deberías eliminarlo. Pasamos demasiado tiempo pidiéndonos cosas los unos a los otros, principalmente frivolidades —y el coste para nuestro trabajo y nuestras vidas personales es pasmoso—. Si no es imperativo que sepas algo, no lo preguntes. Cuanto más arriba estés en el organigrama, más importante es que te ciñas a este principio. ¿Qué pasaría si no enviases el mensaje que acabas de redactar? Si la respuesta es: «Poca cosa», entonces quizá sea mejor que lo tires a la *Papelera de reciclaje.* Pero no lo olvides: los mensajes individualizados cuyo único objetivo es reforzar tu conexión con la otra persona también son necesarios.

Y por fin, si tu mensaje requiere algún tipo de acción y es importante para ti que este asunto quede *despachado,* antes de darle a *Enviar* deberías tener claro cómo piensas hacer el seguimiento. El mero hecho de haber pedido algo no significa que vaya a pasar. Además, es importante resistirse a una de las mayores tentaciones del correo electrónico que consiste en quitarse el muerto de encima y pasárselo a otra persona. ¿Estás seguro de que lo que le pides a esa otra persona que haga no es algo que podrías hacer tú mismo? Conviene recordar que todo el mundo respeta a aquel que se hace cargo de las tareas difíciles, comparte el mérito y consigue que las cosas se hagan. Las cosas ya eran así antes de que tuviera lugar la revolución de la información, y seguirán siendo así independientemente de las tecnologías que vayan surgiendo o del lugar que ocupes en tu organización. La pregunta última que tienes que hacerte es: «¿Estoy haciendo que las cosas avancen o me estoy limitando a eliminarlas de mi escritorio?».

La última palabra

Un hermoso día de invierno, no hace mucho tiempo, David conectó su ordenador en la oficina y se encontró lo siguiente. Los nombres han sido modificados, pero todo lo demás es una reproducción exacta de lo que recibió.

David:
Necesito saber qué ha pasado con el artículo de Roberto. ¿Por qué no ha salido? Estábamos de acuerdo, me dijiste que iba a salir al día siguiente, o al otro, de enviártelo. Resulta francamente insólito que tras solicitar un artículo de Roberto, decirme que te gustaba y que lo publicarías, este nunca llegue a salir.
Un cordial saludo,
Director de comunicación y representante de Roberto.

Para empeorar todavía más las cosas, David no conseguía recordar de qué artículo se trataba. Tras asimilar el mensaje se pasó más de una hora buscando en su inventario y preguntándoles a sus colegas si, efectivamente, le había pedido un artículo a Roberto y resultaba que estaba empezando a estar senil.

Al no obtener resultado alguno de su búsqueda, David se sintió obligado a afrontar el problema directamente, así que le envió un mensaje al director de comunicación de Roberto en el que se disculpaba por la posible confusión pero confesaba no tener constancia del artículo en cuestión. Asimismo preguntaba si Roberto tendría la amabilidad de recordarle la conversación que habían tenido y de reenviarle el artículo, junto con el correspondiente mensaje original.

Un rato más tarde, David recibió una respuesta cortante del director de comunicación de Roberto. Si David no había sido capaz de encontrar el artículo era porque este había sido solicitado, y por lo tanto recibido, por *otro* periódico para su página editorial de opinión.

En otras palabras, el director de comunicación de Roberto se había equivocado completamente.

¿Cabría una satisfacción mayor? A David se le presentaba la oportunidad de escribir un mensaje implacable. Imagínate. Para eso está el correo electrónico, ¿no? Ante él estaba la prueba de que tenía razón; tenía tiempo de sobra para redactar la perfecta réplica incisiva y hasta tenía la posibilidad de enviar copia a un montón de personas y a unas cuantas más en copia oculta.

Así que, ¿qué hizo David? En esta ocasión, salió a relucir lo mejor de su naturaleza y le contestó al director de comunicación de Roberto con un mensaje que decía: «No te preocupes».

Todos hemos tenido oportunidades de restregarle en la nariz sus errores a gente que había cometido alguna equivocación por correo electrónico. Pero también hemos estado en los zapatos del director de comunicación de Roberto. Todos hemos enviado mensajes en los que estábamos completamente equivocados, o en los que teníamos razón pero contactábamos a la persona equivocada, o en los que nos comportábamos de forma tan pretenciosa que, después de aquello, no cabía la posibilidad de ningún tipo de conversación civilizada.

Así que esta es nuestra recomendación para quienes intentan encontrar su camino en este nuevo mundo digital: démonos *un poco* de tregua los unos a los otros. El correo electrónico es demasiado fluido y está evolucionando demasiado rápido como para que exista un código de estilo. En cuanto a la etiqueta, tal como se entiende hoy en día, es circunstancial.

No obstante, no nos concedamos *demasiada* tregua, especialmente en lo referente a nuestro propio comportamiento. Está en nuestras manos ejercitar una mayor atención y tomar conciencia de lo que hacemos cada vez que enviamos un mensaje. Resulta sorprendente comprobar el efecto que tiene sobre nuestras vidas el hecho de ser más atentos y cuidadosos en el uso del correo electrónico: menos gente se enfada con nosotros, conseguimos hacer más cosas y puede incluso que nos sintamos más predispuestos a abrir la mayoría de los mensajes que recibimos.

Si de este pequeño libro tan solo te fueras a quedar con un par de cosas, los autores esperan de corazón que sean las siguientes:

Piensa antes de darle a *Enviar*.

Envía los mensajes de correo electrónico que desearías recibir.

Cómo leer tu encabezamiento

El encabezamiento de un correo electrónico contiene toda la información relativa al remitente y al destinatario, a su contenido y al camino recorrido por este para llegar a su destino. La mayoría de las aplicaciones y de los sistemas de servicio de correo web te permiten ver el encabezamiento con facilidad.

El citado a continuación, proveniente de la BlackBerry de Will a la cuenta de nuestro amigo Dan en su universidad, muestra cuánto se puede aprender de estos visionados. Hemos creado un dominio ficticio (.bzz) y, por razones de seguridad, hemos cambiado cuatro números clave así como una serie de datos en toda la cadena. El proceso queda dividido en seis etapas. Vayamos paso a paso.

De: Will.Schwalbe@dog.bzz viernes 4 de noviembre 2005 14:49:25

Esto muestra la dirección ostensible y la hora a la que fue enviado el mensaje según figura en el sistema dog.bzz.

Canal de retorno: <Will.Schwalbe@dog.bzz>

Esto suele mostrar el canal de retorno que especificas al configurar tu cuenta de correo electrónico. Es conveniente recordarlo, pues la dirección de retorno puede ser distinta de la dirección desde la que se envía el correo. Si estás cambiando paulatinamente de cuenta de correo electrónico y transfiriéndolo todo a una cuenta nueva, pero todavía quieres enviar mensajes desde tu antigua cuenta, puedes cambiar la dirección de retorno de dicha cuenta para que esta aparezca actualizada. Así, cuando la gente te conteste, su respuesta irá directamente a la cuenta nueva. Además, la mayoría de las libretas de direcciones recogen los datos de la dirección de retorno para distinguir los contactos nuevos. El canal de retorno también se muestra en el campo *Responder a* de la mayoría de los mensajes.

Recibido: desde postoffice7.mail.college.edu ([unix socket])
    vía postoffice7.mail.college.edu (Cyrus v2.1.11) mediante
    LMTP; vie 4 de nov 2006 14:31:66 -0600
Recibido: desde hermes30.mail.college.edu
    (hermes30.mail.college.edu [132.236.66.66]) vía postoffice7.mail.college.edu (8.12.10/8.12.6) mediante ESMTP
    id jA4JVnMc016663 para <djg46@postoffice7.mail.college.edu>; vie 4 de nov 2006 14:31:49 -0600 (EST)
Recibido: desde filter01.mail.college.edu (filter01.mail.college.edu [132.236.66.31] vía hermes30.mail.college.edu
    (8.12.10/8.12.6) mediante ESMTP id jA4JVklu021636
    para <djg46@postoffice7.mail.college.edu>; vie 4 de nov
    2006 14:31:47 - 0600 (EST)
Recibido: (desde daemon@localhost) vía filter01.mail.college.edu (8.12.10/8.12.6) id jA4JVkND022994 para
    djg46@postoffice7.mail.college.edu; vie 4 de nov 2006
    14:31:46 -0600 (EST)
Recibido: desde mail12.newcom.bzz (mail12.newcom.bzz
    [192.196.66.30]) vía filter01.mail.college.edu
    (8.12.10/8.12.6) mediante ESMTP id jA4JVfob022826

para djg46@college.edu; vie 4 de nov 2006 14:31:41
-0600 (EST)

Recibido: desde imr11.newcom.pvt (imr11.newcom.pvt
[163.6.60.111]) vía mail12.newcom.bzz mediante
ESMTP; vie 4 de nov 2006 14:31:40 -0600

Recibido: desde sm-AZPH-xc03.wdw.newcom.bzz (sm-
AZPH-xc03.wdw.newcom.bzz [172.16.177.30]) vía
imr11.newcom.pvt mediante ESMTP; vie 4 de nov 2006
14:31:39 -0600

Recibido: desde SM-AZPH-XC02.wdw.newcom.bzz
([172.16.177.19]) vía sm-AZPH-xc03.wdw.newcom.bzz
mediante Microsoft SMTPSVC (6.0.2196.6713); vie 4 de
nov 2006 14:31:39 -0600

Recibido: desde sm-nyny-xc04.nena.wdpr.newcom.bzz
([167.13.137.86]) vía SM-AZPH-XC02.wdw.newcom.bzz
mediante Microsoft SMTPSVC (6.0.2196.6713); vie 4 de
nov 2006 14:31:38 -0600

Recibido: desde sm-nyny-xm06.nena.wdpr.newcom.bzz
([167.13.137.80]) vía sm-nyny-xc04.nena.wdpr.new-
com.bzz mediante Microsoft SMTPSVC (6.0.2196.6713);
vie 4 de nov 2006 14:31:37 -0600

Esta parte del encabezado muestra el recorrido que ha tomado el mensaje a través de la red. La lista rastrea el mensaje de atrás
hacia adelante, comenzando por el sistema de correo del receptor. Al parecer, la BlackBerry de Will envió el mensaje por medio
del sistema inalámbrico de una compañía de telecomunicacio-
nes, el cual está conectado de forma invisible al servidor de la
BlackBerry, la compañía madre mencionada bajo seudónimo
Newcom. Las convenciones usadas para identificar cada cosa
pueden deducirse de las pautas del encabezamiento. Podemos
adivinar que este mensaje se originó en un servidor de correo de
la división de Newcom para el nornoreste de Estados Unidos,
en la ciudad de Nueva York, y que viajó a través de Phoenix, Ari-

zona. A continuación se trasladó a un servidor «privado» (pvt., es decir, local) situado en alguna parte y después a otro servidor de Newcom, que envió el mensaje al sistema de la universidad.

Tras pasar a través de un cierto número de servidores de correo que ejercen de «filtro» (para evitar el correo basura), el mensaje es entregado al lugar de distribución del correo electrónico de Dan. El viaje ha durado treinta y un segundos. Por supuesto, si el reloj de Newcom y el de la universidad no están sincronizados, puede que el tiempo calculado no sea exacto. Asimismo, observad que la entrega solo significa que el servidor de correo del destinatario ya tiene el archivo, pero no que el usuario lo haya mirado o descargado.

```
X-MimeOLE: Produced by Microsoft Exchange V6.0.6606.0
    content-class: urn:content-classes:message
MIME-Version: 1.0
Content-Type: multipart/alternative;
    boundary= «————_=_NextPart_001_01C6E176.6F8640B6»
```

Esto último indica que el mensaje ha sido creado en formato MIME (Multipurpose Internet Mail Extensions [extensiones multifunción de correo de Internet]). MIME maneja símbolos y números, caracteres que no son estándar y archivos adjuntos. En este caso, el formato mixto de caracteres del mensaje (los de la BlackBerry de Will y los del Macintosh de Dan) ha obligado al sistema a dividir el mensaje en dos partes, lo que requiere MIME. El encabezado ofrece detalles respecto a estas partes. También muestra, en la primera línea, que el servidor que envió el mensaje pasó a través de Microsoft Exchange, que utiliza un formato patentado para la comunicación entre clientes y servidores.

```
Asunto: Re: Nueva York y el club CBGB
Fecha: viernes, 4 de noviembre del 2006 14:31:37 -0600
ID-mensaje:
```

<1F9C633C4C481B4BB93E96A13DF670C0071301A8
@sm-nynyxm06.nena.wdpr.newcom.bzz>

El ID-mensaje es un identificador único que tu servidor de correo le asigna a cada mensaje que transmite. Esto te permite retirar el mensaje del servidor incluso cuando hayan sido modificadas o destruidas diversas copias de este en el cliente de correo electrónico de tu ordenador (Véase POP contra IMAP, página 41).

X-MS-Has Attach;
X-MS-TNEF-Correlator:
Thread-Topic: Nueva York y el club CBGB
Thread-Index:
AcXhc6EqGyOQWJbiTPOWbqnqa3NLrQAAs+06
X-PH: V4.1@filter01
De: «Schwalbe, Will» <Will.Schwalbe@dog.bzz>
Para: <djg46@college.edu>
X-OriginalArrivalTime: 04 nov 2006 19:31:37.0906 (UTC)
    FILETIME=[6FC4F120:01C6E176]
X-PMX-Version: 4.7.1.128076, Antispam-Engine: 2.1.0.0,
    Antispam-Data: 2006.11.4.20
X-PMX-Version: 4.7.1.128076, Antispam-Engine: 2.0.3.0,
    Antispam-Data: 2006.11.4.20

Esta parte muestra la información relativa a los filtros a través de los cuales pasa el mensaje para evitar el correo basura. También indica la hora de llegada semioficial, aunque en este caso se refiere al momento en que el mensaje salió del servidor Microsoft del lado de Will.

Dado que los mensajes de correo electrónico están partidos en paquetes y que estos son enviados a través de la red siguiendo miles de recorridos potenciales hasta su destino, cabe preguntarse cómo está determinado el recorrido listado en el encabezamiento. Resulta que este solo incluye los servidores a través de los cuales ha pasado el mensaje, y no cada enrutador y conmutador individual que se ha encontrado durante el camino. Los servidores son ordenadores «reales», mientras que los enrutadores y los conmutadores son, esencialmente, módems sofisticados. Los servidores que transmiten un mensaje a su destino tienden a ser los mismos para cada paquete, lo cual está especificado en el encabezamiento. La ubicuidad e invisibilidad de los enrutadores y los conmutadores intermedios —los cuales guardan datos de toda transmisión reciente— es uno de los motivos por los que, en aras de la privacidad, es recomendable tener precaución a la hora de enviar material sensible por correo electrónico.

AGRADECIMIENTOS

Los autores desean dar las gracias de forma conjunta a:

Marty Asher, quien creyó en nosotros y en este libro nada más oír hablar de él. Es nuestro editor, y su contribución a *Enviar* es incalculable. Gracias de corazón también a Sonny Mehta, Tony Chirico, Pat Johnson, Paul Bogaards, Katherine Hourigan, Farah Miller, Carol Janeway, Nicholas Latimer, Peter Mendelsund, Jon Segal, Zachary Wagman, Arianna Cassidy, Margaux Wexberg-Sanchez, Virginia Tan, Victoria Pearson, Marci Lewis, Erinn Hartman, Gabrielle Brooks y el resto de la gente increíble que trabaja en Knopf.

John Brockman, Katinka Matson y Max Brockman son unos representantes fantásticos y aun mejores amigos. Han tenido un papel decisivo en todas y cada una de las etapas. Gracias también a Michael Healey y Russell Weinberger.

Hemos tenido la gran suerte de encontrar a Daniel Graham, un fabuloso investigador con conocimientos inagotables, curiosidad sin límites e intereses eclécticos. Su trabajo ha sido incalculable, como también lo ha sido la investigación legal de Nora Salvatore. Alice Truax nos ayudó de infinitas maneras mientras preparábamos el manuscrito. Le agradecemos sus preguntas desafiantes y su vista de águila. Gracias también a Elizabeth Pearson-Griffiths.

Este libro no existiría de no ser por los extraordinarios Andrew Brimmer, Tom Molner y Naomi Wolf. Les estamos más agradecidos de lo que se puede expresar con palabras. Marco Pasanella y Rebecca Robertson han sido una fuente constante de entusiasmo verbal y «líquido». Josef Astor, fotógrafo de talento y gran amigo, ha conseguido mover montañas.

Y por ofrecernos consejo, ayudarnos y participar en la investigación con gran generosidad, gracias a: Chris Anderson, Joel Ariaratnam, Larry Ashmead, Albert-László Barabási, Naomi S. Baron, Jude Biersdorfer, Paul Bloom, Carmine Boccusi, Rob Brodsky, Bruce Brothers, Andrew Carroll, Elizabeth Charnock y Rick Janowski de Cataphora, Alison Clarkson, Christine Finn, Bill Fitzsimmons, Steve Goldstein, Dan Goleman, Judith Harris, Leslie Koch, Kris Kliemann, Patrick Lencioni, Randy Lipsitz, Margret McBride, Nicholas McGegan, Robin Mamlet, Marion Maneker, David Myers, Betsy Perry, V. S. Ramachandran, Kit Reed, Mark Reiter, Richard Rothschild, Ben Schott, Elena Seibert, Steve Strogatz, Deborah Tannen, Calvin Trillin, Yossi Vardi, Suzy Welch, Carol Weston y Kim Yorio.

Por otra parte, Will Schwalbe quisiera agradecer su ayuda a: Bill Adler, Ellen Archer, Sherry Arden, Quang Bao, Sarah Barnum, Kedron Barrett, Carl Bazil, Marjory Berkowitz, Michael Bilavsky, Ann Bramson, Darrell Brown, Mike Bryant, Roger Canevari, Mark Chait, Art Chang, Jay Corcoran, Lisa Cortes, D. C. Cymbalista, Brian DeFiore, Florence DeVecchi, Vincent Dixon, Ed Douglas, Lisa Drew, Elisabeth y David Kallick Dyssegaard, Bob y Sally Edgar, Valja Engelhardt, Maia Ettinger, Ed Finn, Virginia Fowler, Molly O'Neil Frank, Eric Garber, Mr. Gill, Harvey Ginsberg, Nikki Giovanni, Sally Girvin, Chris y Siuli GoGwilt, Emily Gould, Linda Greenlaw,

Maria Guarnaschelli, David y Jean Halberstam, Nathan Haratz, Peter Hedges, Cheryl Henson, Larry Hughes, Jeff Hunter, Amy Jedlicka, David Kaiser, Walter Kaiser, David Kissinger, Larry Kramer, Doug Lee, Martha Levin, Phyllis Levin, Nancy Lorenz, Laurinda Lowenstein, Rodger McFarlane, John McGlynn, Nina McPherson, Al Marchioni, Bob Miller, Fiona Moore, Amalie Moses, Herb Nagourney, Leslie Norton, Mary Ellen O'Neill, Sr. Ordóñez, Regina Peruggi, Ben Pesner, Eric Price, Lisa Queen, Joseph Rabatin, Gerard Raymond, Bill Reichblum, Ricardo Restrepo, Lee Rich, Jean Guy Roberge, Michael Roberts, Alex Rockwell, Ainlay Samuels, John Samuels III, Zach Schisgal, Lee Schrager, Douglas Schwalbe, Mary Anne Schwalbe, Douglas J. Schwalbe, Nina Schwalbe, Fabienne Schwalbe, Pippa Scott, Jeff Seroy, Ken Shimonishi, Jeff Slonim, Barbara Spence, Alan Staschke, Doug Stumpf, Allison Thrush, George Tracy, Peternelle Van Arsdale, Ed Victor, Claire Wachtel, Ted Washburn, David Webster, Will Winkelstein. Además a sus sobrinos Nicolas, Adrian, Milo y Cy Schwalbe y a su sobrina Lucy Schwalbe; así como a sus ahijados Swift Egar, Ilya Barrett, Ming Lee y Sophie Kissinger.

Y a David Cheng, por todo y más.

David Shipley quisiera dar las gracias a:

Todd Alden, Francis Balken, Kaleigh Balken, Nancy Bekavac, Andrew Bell, Fred Buchwalter, Marianne Buchwalter, John Cestar, John Collier, Gail Collins, Sam Crawley, Benjamin Dean, Owen Shipley Dean, Mary Duenwald, Jim Duffy, Susan Ellingwood, Eric Etheridge, Tom Freedman, James Gibney, Toby Harshaw, Arthur Hertzberg, George Hodgman, George Kalogerakis, Lyubov Kozelko, Emmy Kulshreshtha, Dorothy Lesman, Max Lesman, Lawrence Levi, Mike Levitas, Joseph V. Long III, Mark Lotto, Carmel McCoubrey, Salvatore Macri, Gloria Marrero, Alice Mayhew, Adam Moss, Peter Muz, Lawrence Raab, Brian Rea, Katy Roberts, Andy Rosenthal,

Jack Rosenthal, Ingrid Rosner, Laura Secor, Herbert Semler, Shirley Semler, Jania Shevchenko, Ann Shipley, Erna Shipley, Fiona Sullivan Shipley, Joan Shipley, John Shipley, Joseph Shipley, Julian Shipley, Katherine Shipley, Rosa Shipley, Thomas Shipley, Andrew Sullivan, Megan Sullivan, Rosario Vasconez, Sam Weber, Frank Wilkinson, Inell Willis, Deborah Wolf, Leonard Wolf. Y a M. V. Riddell, por todo.

NOTAS

p. 23   **Mensaje de Radio Shack:** *New York Times,* 31 de agosto del 2006.

p. 25   **Bill Gates sobre el contestador:** Bill Gates, «The Unified Communications Revolution», en *www.microsoft.com,* 26 de junio del 2006.

p. 26   **Estudio de Duncan Watts:** Peter S. Dodds, Roby Muhamad y Duncan J. Watts, «An Experimental Study of Search in Global Social Networks», *Science* 301, 2003, pp. 827-829.

p. 27   **A principios de los años sesenta:** James Gillies y Robert Cailliau, *How the Web Was Born* (Oxford, Oxford University Press, 2000), pp. 11-25, 44, 78-79. Stephen Segaller, *NERDS 2.0.1: A Brief History of the Internet* (Nueva York, TV Books, 1998). Barry M. Leiner, Vinton G. Cerf, David D. Clark, Robert E. Kahn, Leonard E. Kleinrock, Daniel C. Lynch, Jon Postel, Larry G. Roberts y Stephen Wolff, «A Brief History of the Internet», The Internet Society, 2003, *www.isoc.org/internet/history/brief.shtml,* consultado el 12 de julio del 2006.

p. 28   **El primer mensaje de correo electrónico del mundo:** Ray Tomlinson, «The First Network Email», *openmap.bbn.com/~tomlinso/ray/firstemailframe.html,* consultado el 12 de julio del 2006.

p. 28   **En un principio, la red física de ARPANET:** Leonard Kleinrock, *Queueing Systems,* vol. 2 (Nueva York, Wiley-Interscience, 1976), p. 306.

p. 29   **Una vez establecidas las reglas:** Correo MCI. Katie Hafner, «Billions Served Daily, and Counting», *The New York Times,* 6 de diciembre del 2001.

p. 32   **David Haig, jefe de departamento:** Mensaje de correo electrónico de David Haig a los autores.

p. 32   **«Desde que entró en escena el correo electrónico»:** Entrevista de los autores con William R. Fitzsimmons.

p. 33   **Así funciona Bill Gates:** Bill Gates, «Cómo trabajo», *Fortune,* 7 de abril del 2006.

p. 34   **Como señaló Clive Thompson:** Clive Thompson, «Meet the Life Hackers», *New York Times Magazine,* 16 de octubre del 2005.

p. 35 **Mensajes de Abramoff:** Philip Shenon, «In Messages, Lobbyist Says DeLay Pressed for Donations», *New York Times,* 15 de diciembre del 2005.

p. 36 **«El verdadero escándalo aquí es»:** Citado por Tom Hamburger, «Nonpartisan Testimony Gets White House Edit», *Los Angeles Times,* 19 de mayo del 2005.

p. 38 **La gente tiende a perdonar:** Keith Rayner, Sarah J. White, Rebecca L. Johnson y Simon P. Liversedge, «Raeding Wrods With Jubmled Lettres», *Psychological Science* 17, 2006, pp. 192-193.

p. 39 **Internet es una red de nodos:** Ed Krol, *The Whole Internet User's Guide and Catalog* (Sebastopol, California, O'Reilly & Associates, 1992); en su edición española, *Conéctate al mundo Internet* (McGraw-Hill / Interamericana de España, Madrid, 1995).

p. 40 **Simple Mail Transfer Protocol (protocolo simple de transmisión de correo) o SMTP:** «Simple Mail Transfer Protocol», *Wikipedia,* 2006, *en.wikipedia.org/wiki/Simple_Mail_Transfer_Protocol,* consultado el 14 de julio del 2006.

p. 40 **Multipurpose Internet Mail Extensions (extensiones multifunción de correo de Internet) o MIME:** «Multipurpose Internet Mail Extensions», *Wikipedia,* 2006, *en.wikipedia.org/wiki/MIME,* consultado el 14 de julio del 2006.

p. 40 **Para la mayoría de nosotros:** «Managing e-mail is an increasing burden», *Financial Times,* 12 de julio del 2006, suplemento *Digital Business,* p. 5, edición estadounidense.

p. 41 **POP (Post Office Protocol) e IMAP:** «Internet Message Access Protocol», *Wikipedia,* 2006, *en.wikipedia.org/wiki/Message_Access_Protocol,* consultado el 14 de julio del 2006.

p. 41 **En un estudio del 2006 entre 1.400 trabajadores:** Encuesta sobre la buena educación digital llevada a cabo para Telewest Business por TNS, publicada por «Do You Know Your Netiquette?», *Manchester Evening News,* edición online, 13 de marzo del 2006.

p. 42 **Como escribe Tom Wheeler:** Tom Wheeler, *Mr. Lincoln's T-Mails: The Untold Story of How Abraham Lincoln Used the*

Telegraph to Win the Civil War (Nueva York, Collins, 2006), p. 183.

p. 44   **Incluso los pioneros Hewlett-Packard:** Robert Johnson, «The Fax Machine: Technology That Refuses to Die», *New York Times,* 27 de marzo del 2005.

p. 46   **Robin Mamlet, antigua responsable de admisiones:** Entrevista de los autores con Robin Mamlet.

p. 50   **Según la Cellular:** «Getting the Message», *Economist,* 4 de marzo del 2006.

p. 50   **Según la última edición:** Eulynn Shiu y Amanda Lenhart, «How Americans Use Instant Messaging», encuesta del *Pew Internet and American Life Project,* 1 de septiembre del 2004.

p. 51   **Kit Reed, profesor de inglés:** Entrevista de los autores con Kit Reed, así como cita de Kara Maguire, «Anonymous Writing Students Attend Class on Line», *Argus,* Universidad Wesleyan, 2002.

p. 54   **«De forma simultánea, miramos hacia delante»:** Entrevista de los autores con Naomi S. Baron.

p. 55   **Pero la fiabilidad se debe también:** Stephen Segaller, *NERDS 2.0.1: A Brief History of the Internet* (Nueva York, TV Books, 1998), pp. 110-113.

p. 55   **Esto es posible mediante:** Dan Sheldon, del Departamento de Informática de la Universidad de Cornell, nos ayudó con esta sección.

p. 55   **En el 2005, investigadores del MIT:** Mike Afergan y Robert Beverly, «The State of the Email Address», *ACM SIG-COMM Computer Communications Review* 35, 2005, pp. 29-35. Esta referencia fue facilitada por Dan Sheldon (Departamento de Informática de la Universidad de Cornell).

CAPÍTULO 2. LA ANATOMÍA DE UN MENSAJE DE CORREO
ELECTRÓNICO

p. 63   **Patrick Lencioni, autor:** Entrevista de los autores con Patrick Lencioni.

p. 68   **En mitad de una sesión de formación informática:** Simone Sebastian, «Law School Admissions Chief Misfires on E-mail», *San Francisco Chronicle,* 22 de febrero del 2006.

p. 72 **La siguiente historia con moraleja:** Simon Burns, «EMC Chief to Quit in Email Fiasco», *www.vnunet.com,* 9 de mayo del 2006.

p. 88 **¿Cómo saber si un mensaje?:** Jane Spencer, «Shirk Ethic: How to Fake a Hard Day at the Office», *Wall Street Journal,* 15 de mayo del 2003.

p. 93 **gif: otro formato de imagen:** «GIF», *Wikipedia,* 2006, *en.wikipedia.org/wiki/GIF,* consultado el 28 de julio del 2006.

p. 97 **En una encuesta reciente, numerosos empresarios:** Estudio realizado entre tres mil usuarios de correo electrónico por i.Tech Dynamic, citado en Iain Thompson, «This Is Very Annoying», *www.vnunet.com,* 29 de julio del 2005.

p. 101 **Lord Nelson solía dirigirse:** *The Dispatches and Letters of Lord Nelson,* Nicolas Edition (Londres, Chatham, 1997), edición original de 1845.

p. 102 **Cuando Jack Kerouac comenzaba una carta:** Carta de 1943 a Sebastian Sampas, citada en *Letters of a Nation,* ed. Andrew Carroll (Nueva York, Kondansha, 1997), p. 308.

p. 103 **Cómo decir @ en múltiples idiomas:** Datos tomados del *Libro de estilo* de Red Eléctrica de España (Madrid, Red Eléctrica, 2007) y de *www.herodios.com,* publicado en la columna de Steve Bass's Tips & Tweaks, *www.pcworld.com,* 2 de noviembre del 2005. Investigación adicional realizada por Søren Dyssegaard.

p. 106 **Instituto George Soros, TIAA-CREF, General Electric, Viacom:** Entrevista de los autores con empleados.

p. 109 **Unos científicos han descubierto células en el cerebro:** Giacomo Rizzolatti, Luciano Fadiga, Vittorio Gallese y Leonardo Fogassi, «Premotor Cortex and the Recognition of Motor Actions», *Cognitive Brain Research* 3, 1996, pp. 131-141.

p. 110 **Michael Arbib, informático:** Michael A. Arbib, «From Monkey-like Action Recognition to Human Language: An Evolution Framework for Neurolinguistics», *Behavioral and Brain Sciences* 28, 2005, pp. 105-167.

p. 110 **Un experimento llevado a cabo por el psicólogo francés:** Nicolas Guéguen, «Help on the Web: The Effect of the Same First Name Between the Sender and the Receptor in a Request Made by Email», *Psychological Record* 53, 2003, pp. 459-466.

p. 111   **Carta de Wilde:** Carta a Robert Ross, 3 de junio de 1897, citada en *The Complete Letters of Oscar Wilde,* ed. Merlin Holland y Rupert Hart-Davis (Nueva York, Holt, 2000), p. 877.

p. 113   **Tony Wheeler, fundador de las guías:** Mensaje de correo electrónico de Tony Wheeler a los autores.

CAPÍTULO 3. CÓMO ESCRIBIR UN MENSAJE (PERFECTO)

p. 123   **Memorandos de Kennedy:** *JFK Wants to Know: Memos from the President's Office, 1961-1963,* ed. Edward B. Claflin (Nueva York, William Morrow, 1991), pp. 59, 141 y 242.

p. 128   **Un estudio realizado entre usuarios del correo electrónico:** Estudio realizado entre tres mil usuarios de correo electrónico por i.Tech Dynamic, citado en Iain Thompson, «This Is Very Annoying», *www.vnunet.com,* 29 de julio del 2005.

p. 129   **Puedes programar tu ordenador para que anule el bloqueo de mayúsculas:** Véase *www.wired.com/news/technology/0,71606-0.html* y *www.worldstart.com/tips/shared/capslocktrick/htm* y *blogs.pcworld.com/tipsandtweaks/archives/002427.html.* Páginas consultadas el 12 de noviembre del 2006.

p. 132   **Mensaje de Susan Farren:** Reproducido con el permiso de Sue Farren, autora de *The Fireman's Wife* (Hyperion, Nueva York, 2005).

p. 134   **De forma reveladora, investigadores de la Universidad de Cornell:** Jeffrey T. Hancock, Lauren E. Curry, Saurabh Goorha y Michael T. Woodworth, «Lies in Conversation: An Examination of Deception Using Automated Linguistic Analysis», *Proceedings, Annual Conference of the Cognitive Science Society* 26, 2004, pp. 534-540.

p. 134   **Anuncio de James Dilworth:** Reproducido con el permiso de James Dilworth, director ejecutivo de Real Life Gifts.

CAPÍTULO 4. LOS SEIS TIPOS BÁSICOS DE MENSAJE

p. 138   **Mensaje de correo electrónico a Carol Weston:** Entrevista de los autores con Carol Weston.

p. 139　**Un estudio de la Universidad de Stanford de 1990:** Elizabeth Newton, «Overconfidence in the Communication of Intent: Heard and Unheard Melodies», tesis de doctorado, Universidad de Stanford, Palo Alto, California, 1990, citado en Justin Kruger, Nicholas Epley, Jason Parker y Zhi-Wen Ng, «Egocentrism Over E-Mail: Can We Communicate as Well as We Think?», *Journal of Personality and Social Psychology* 89, 2005, pp. 925-936.

p. 141　**Cuando vayas a solicitar algo que requiera un tiempo considerable:** Jonathan L. Freedman y Scott C. Fraser, «Compliance Without Pressure: The Foot-in-the-Door Technique», *Journal of Personality and Social Psychology* 4, 1966, pp. 195-202. Fuimos informados de la existencia de este estudio por James Cutting, del Departamento de Psicología de la Universidad de Cornell.

p. 142　**Nicolas Guéguen, el investigador francés:** Nicolas Guéguen, «Foot-in-the-Door Technique and Computer-Mediated Communication», *Computers in Human Behavior* 18, 2002, pp. 11-15.

p. 145　**¿Esto resulta molesto cuán?:** Adaptado de un *post* escrito por Rob DeWitt el 15 de julio de 2006, en Steve Bass's Tips & Tweaks: *blogs.pcworld.com/tipsandtweaks/archives/002408.html.*

p. 146　**Hay más de una manera de ser educado:** Penelope Brown y Stephen C. Levinson, *Politeness: Some Universals in Language Usage* (Cambridge University Press, Cambridge, Reino Unido, 1978), pp. 17-21.

p. 146　**Sugerencias de Alison Clarkson:** Entrevista de los autores con Alison Clarkson.

p. 147　**Investigadores han demostrado que proporcionarle a la gente una salida…:** Nicolas Guéguen y Alexandra Pascual, «Improving the Response Rate to a Street Survey: An Evaluation of the "But You are Free to Accept or Refuse" Technique», *The Psychological Record* 55, 2005, pp. 297-303.

p. 149　**En una encuesta realizada entre oficinistas en el 2006:** Encuesta sobre las buenas maneras digitales llevada a cabo para Telewest Business por TNS, publicada por «Do You Know

Your Netiquette?», *Manchester Evening News,* edición online, 13 de marzo del 2006.

p. 151 **Jack Welch, antiguo director de General Electric:** Entrevista de los autores con Suzy Welch.

p. 153 **Barabási llegó a esta conclusión:** Albert-László Barabási, «Darwin and Einstein Correspondence Patterns», *Science* 437, 2005, p. 1251.

p. 156 **intenta reordenar tu bandeja de entrada:** Véanse también trucos en *www.blueflavor.com/ed/tips_tricks/get_control_of_your_inbox.php,* consultado el 4 de diciembre del 2006.

p. 157 **(Dentro de poco, tu ordenador será capaz):** Gracias a Dan Sheldon, Departamento de Informática, Universidad de Cornell.

p. 157 **esta es la estrategia que Lawrence Lessig emplea:** Lawrence Lessig, *Wired,* agosto del 2006.

p. 160 **Suzy Welch, escritora especializada en economía y negocios:** Entrevista de los autores con Suzy Welch.

CAPÍTULO 5. EL MENSAJE EMOCIONAL

p. 171 **En un estudio llevado a cabo por:** Dan Gilbert, «He Who Casts the First Stone Probably Didn't», página editorial de opinión, *New York Times,* 24 de julio del 2006.

p. 175 **El escritor y activista Larry Kramer:** Mensaje de Larry Kramer a los autores.

p. 176 **Como nos explica la lingüista Deborah Tannen:** Entrevista de los autores con Deborah Tannen. Véase también Deborah Tannen, *The Argument Culture: Stopping America's War of Words* (Random House, Nueva York, 1998); en su edición española, *La cultura de la polémica: del enfrentamiento al diálogo* (Ediciones Paidós Ibérica, Barcelona, 1999).

p. 178 **Y, sin embargo, la gente rara vez sospecha:** Justin Kruger, Nicholas Epley, Jason Parker y Zhi-Wen Ng, «Egocentrism Over E-Mail: Can We Communicate as Well as We Think?», *Journal of Personality and Social Psychology* 89, 2005, pp. 925-936. Dennis Regan, del Departamento de Psicología de la Universidad de Cornell, nos comentó la existencia de este estudio.

p. 183   **En caso de que tuvieras alguna duda:** El descrédito de esta teoría es cortesía de Mark Liberman, *Language Log*, 2005: *http://itre.cis.upenn.edu/~myl/languagelog/archives/002493.html*, consultado el 3 de diciembre del 2005.

p. 186   **Algunos proveedores de correo electrónico han encontrado la manera:** Rob Scher, «How to "Unsend" E-mail Sent in Error», *Smart Computing* 12, 2001, pp. 89-91.

p. 187   **Si resulta que trabajas con Outlook:** Entrevista con Daniel Graham. Véase también *office.microsoft.com/en-us/outlook/HA010917601033.aspx*, consultado el 3 de diciembre del 2006.

CAPÍTULO 6. EL MENSAJE QUE PUEDE LLEVARTE
A LA CÁRCEL

p. 189   **Los despidos de William Morrisey:** *Daily Variety*, 28 de abril de 1992.

p. 189   **Piensa en Merck, a la que el descubrimiento:** J. Bonasia, «Awash in E-mail, Firms Embrace E-Discovery», *Investor's Business Daily*, 31 de enero del 2006.

p. 190   **No es de extrañar que el negocio de la investigación electrónica esté en pleno auge:** Estimación de InfoTrends/Cap Ventures y Socha-Gelbman, citada en «Oce Business Services to Acquire CaseData Inc., E-Discovery and Litigation Support Pioneer», *PR Newswire*, 6 de octubre del 2006.

p. 190   **Mensaje de A. H. Robins:** Judy Mann, «A Little Vanity, A Lot of Corporate Greed: A Killer Combo», *Washington Post*, 6 de junio del 2001.

p. 191   **Una empresa llamada Cataphora:** Entrevista de los autores con Elizabeth Charnock, directora ejecutiva de Cataphora, Inc.

p. 193   **«Me siento muy incómodo con»:** Cita proporcionada por Cataphora, Inc.

p. 197   **Estas conclusiones quedan ratificadas por otras vías:** Roger Matus y Sean True, «Monsters in Your Mailbox», estudio de Inboxer, Inc., 2005: *www.inboxer.com/downloads/*

Monsters_In_Your_Mailbox.pdf, consultado el 20 de octubre del 2006.

p. 197   **En abril del 2006, la Casa de la Moneda de Denver:** Anne C. Mulken, «Mint Chief: No Tolerance for Sexual Harassment», *Denver Post,* 15 de septiembre del 2006.

p. 197   **El 27 % de las empresas del Fortune 500:** Según el estudio del año 2000 Assurex eRisk llevado a cabo por el Instituto de Recursos Humanos del Eckerd College de Florida, tal como se cita en *www.epolicyinstitute.com/press/einsurance.html.*

p. 199   **En el 2006, el Departamento de Justicia de Estados Unidos:** Lisa Urquhart, «S&N Salesman in US Anti-Trust Probe», *Financial Times,* 1 de agosto del 2006.

p. 200   **Hay muchos ejemplos de información confidencial:** «Content Security in the News», Metadatarisk.org, *www.metadatarisk.org/news/news_overview.htm,* consultado el 20 de julio del 2006.

p. 201   **limpiar *metadata* que revele borradores anteriores:** «How to Minimize Metadata in Word 2003», Microsoft Corp., *support.microsoft.com/kb/825576,* consultado el 20 de julio del 2006.

p. 202   **Veamos lo que le ocurrió a un socio de Arthur Andersen:** Kurt Eichenwald, «Ex-Accounting Chief at Enron is Indicted on Six Felony Charges», *New York Times,* 23 de enero del 2004.

p. 202   **Según Elizabeth Charnock:** Entrevista de los autores con Elizabeth Charnock, directora ejecutiva de Cataphora, Inc.

p. 203   **En una encuesta publicada en el 2006:** Encuesta efectuada por la American Management Association y el e-Policy Institute en el 2006 sobre el uso del correo electrónico, de la mensajería instantánea y de los blogs en el entorno laboral.

p. 203   **a Morgan Stanley se le impuso una multa de 1.450 millones de dólares:** Landon Thomas, Jr., «Jury Tallies Morgan's Total at $1.45 Billion», *New York Times,* 19 de mayo del 2005.

p. 203   **«Esto no tiene remedio»:** Mensaje facilitado por Cataphora, Inc.

p. 204   **Cita de Spitzer:** Eliot Spitzer, «Cleaning Up Capitalism», *Fast Company,* 1 de enero del 2005.

APÉNDICE. Cómo leer tu encabezamiento

p. 213 **El encabezamiento de un mensaje de correo electrónico:** Dan Sheldon, del Departamento de Informática de la Universidad de Cornell, nos facilitó ayuda con esta sección; entrevista con Dan Graham en Ithaca, Nueva York, 19 de julio del 2006.

p. 214 **Si estás cambiando paulatinamente de cuenta de correo electrónico:** Este truco nos lo dio Lou Dolinar, «Forwarding and multiple mailboxes manage home and office conflicts», *Lou's Day,* 2006, *www.dolinar.com.*

ÍNDICE ANALÍTICO

Taurus es un sello editorial del Grupo Santillana

www.taurus.santillana.es/mundo

Argentina
Avda. Leandro N. Alem, 720
C 1001 AAP Buenos Aires
Tel. (54 114) 119 50 00
Fax (54 114) 912 74 40

Bolivia
Avda. Arce, 2333
La Paz
Tel. (591 2) 44 11 22
Fax (591 2) 44 22 08

Chile
Dr. Aníbal Ariztía, 1444
Providencia
Santiago de Chile
Tel. (56 2) 384 30 00
Fax (56 2) 384 30 60

Colombia
Calle 80, 10-23
Bogotá
Tel. (57 1) 635 12 00
Fax (57 1) 236 93 82

Costa Rica
La Uruca
Del Edificio de Aviación Civil 200 m al Oeste
San José de Costa Rica
Tel. (506) 220 42 42 y 220 47 70
Fax (506) 220 13 20

Ecuador
Avda. Eloy Alfaro, 33-3470 y Avda. 6 de
Diciembre
Quito
Tel. (593 2) 244 66 56 y 244 21 54
Fax (593 2) 244 87 91

El Salvador
Siemens, 51
Zona Industrial Santa Elena
Antiguo Cuscatlan - La Libertad
Tel. (503) 2 505 89 y 2 289 89 20
Fax (503) 2 278 60 66

España
Torrelaguna, 60
28043 Madrid
Tel. (34 91) 744 90 60
Fax (34 91) 744 92 24

Estados Unidos
2105 N.W. 86th Avenue
Doral, F.L. 33122
Tel. (1 305) 591 95 22 y 591 22 32
Fax (1 305) 591 91 45

Guatemala
7ª Avda. 11-11
Zona 9
Guatemala C.A.
Tel. (502) 24 29 43 00
Fax (502) 24 29 43 43

Honduras
Colonia Tepeyac
Contigua a Banco Cuscatlan
Boulevard Juan Pablo, frente al Templo
Adventista 7º Día, Casa 1626
Tegucigalpa
Tel. (504) 239 98 84

México
Avda. Universidad, 767
Colonia del Valle
03100 México D.F.
Tel. (52 5) 554 20 75 30
Fax (52 5) 556 01 10 67

Panamá
Avda. Juan Pablo II, nº 15. Apartado Postal
863199, zona 7. Urbanización Industrial
La Locería - Ciudad de Panamá
Tel. (507) 260 09 45

Paraguay
Avda. Venezuela, 276,
entre Mariscal López y España
Asunción
Tel./fax (595 21) 213 294 y 214 983

Perú
Avd. Primavera, 2160
Surco
Lima 33
Tel. (51 1) 313 4000
Fax (51 1) 313 4001

Puerto Rico
Avda. Roosevelt, 1506
Guaynabo 00968
Puerto Rico
Tel. (1 787) 781 98 00
Fax (1 787) 782 61 49

República Dominicana
Juan Sánchez Ramírez, 9
Gazcue
Santo Domingo R.D.
Tel. (1809) 682 13 82 y 221 08 70
Fax (1809) 689 10 22

Uruguay
Constitución, 1889
11800 Montevideo
Tel. (598 2) 402 73 42 y 402 72 71
Fax (598 2) 401 51 86

Venezuela
Avda. Rómulo Gallegos
Edificio Zulia, 1º - Sector Monte Cristo
Boleita Norte
Caracas
Tel. (58 212) 235 30 33
Fax (58 212) 239 10 51

Este libro se terminó de imprimir
en los talleres gráficos de Metrocolor S. A.
Av. Los Gorriones 350, Lima 9 - Perú
en el mes de octubre de 2008.